「助けて」と言える社会へ

性暴力と男女不平等社会

大沢真知子

OSAWA MACHIKO

西日本出版社

目次

第5章　男女不平等社会とDV・性暴力―――206

カバー・扉イラスト：清水裕子

はじめに

少し前になりますが、新型コロナ感染症が拡大し、緊急事態宣言が出された日本で、困難な状況に陥った女性たちの姿がマスメディアによって映し出されました。女性の貧困や夫婦間暴力（ＤＶ）はそれまでも存在していたものの、これほど注目を集めたことはありませんでした。

いずれコロナが終息してしまえば、世間の関心も薄れ、女性たちが抱える困難も一過性の現象として忘れ去られてしまうかもしれない。その前に女性の貧困に関する本を書きたいと思ったのです。

ＤＶが生み出される背後には男女不平等社会があり、社会の中に存在する大きな男女間賃金格差が女性の貧困を生み出し、男性の女性に対する暴力を間接的に正当化しています。ＤＶをなくすためには、ジェンダー平等社会を形成していくことが不可欠になっています。

その問題意識は次第にコロナのような思いがけない事態によって困難に陥った時に、どうやって助けを求めればいいのだろうか、また、日本はそれに答えてくれる社会なのだろうか、というところに移っていきました。おりしも日本は、自己責任論が横行していて、困難に陥ったら（穴に落ちたら）、それはあなたの責任。頑張って自分の力で這い上がってきてねという冷たい社会になってしまっているのです。しかもその穴を作ったのは国で、それを埋める作業を怠ったことが原因で穴に落ちてしまうにも関わらずです。

わたしたちの住む社会は、困難に陥った時に、「助けて」と言える社会なのだろうか。あるいは、助けてと言えるにもかかわらず、それを知らないために困難から抜け出せないこともあるかもしれません。そうだとしたら、その情報を提供することも有益なのではないだろうかとも考えたのです。また、社会的包摂サポートセンター事務局長の遠藤智子さんからコロナ下においてで相談が増えたDVの実態や若者が性被害を受けているということを聞き、衝撃を受けました。

ところが、資料を読んだり、執筆を始めたところで、今度は私自身が困難に陥ってしまったのです。性暴力などの事例を多数読んだことも影響したかもしれません。また、コロナ禍でZｏｏｍなどのオンライン会議が増える中で、座った生活が長かったせいもあると思います。また、定年退職をしたことによって生活が一変したこともあったかもしれません。全身のこりから体調不良が続き、一時執筆を中断せざるをえませんでした。

しばしの中断期間の後に、もう一度書いてみようと思うきっかけとなったのは、ＮＨＫの性暴力に関するアンケート調査の作成に関わったことでした。しかし、それは自分が書こうと思っていた貧困とは離れたテーマになってしまいます。性暴力という個人の生涯に極めて深刻な影響を与える問題について、その分野の専門家ではない私に書く資格があるのだろうか。書きながら何度も逡巡し、筆を止め、また、書き始めるということを繰り返しました。

その迷いを断ち、私の背中を押してくれたのは、ＮＨＫのアンケート調査の分析に携わったことが大きいと思います。そのアンケートには、性暴力を受けた三万八〇〇〇件あまりの被害者の方たちからの回答があり、その全てに被害を受けたときの辛い経験が詰まっていました。その声が、私の耳元でこの辛さを社会に伝えてほしいからアンケート調査に記入したのだと囁きました。

しかし、それだけではありませんでした。その声は、私の封印してきた過去にも侵入し、昔の記憶を呼び覚ましたのです。傍観者どころか私自身が被害者でもあったのです。私が書いていいのだろうかという迷いがいつしか消え、私だから書ける本を書こうという決意と使命感に変わっていったのです。そうはいっても本書は私一人では到底書けませんでした。日本福祉大学の長江美代子さんが研究代表者をつとめる性暴力に関するプロジェクトに参加する機会をえたこと、またここでの研究会のメンバーとのディスカッションがあって初めて可能となったものです。

ＮＨＫ調査の分析の結果わかったのは、性暴力被害者が最も衝撃を受けた被害の年齢が想像以上に低いということです。まだ自我が形成されていない頃の被害が想像以上に多いのです。十分な言語能力を獲得する前に被害にあうとその後も被害に遭いやすくなり、学校教育を修了しても継続的に就労をすることが難しくなるのです。

これは個人の力で何とかできるものではありません。社会全体で解決すべき問題です。本書をお読みいただくとお分かりいただけるように、性暴力被害者に対する環境整備はこれからというところがありますが、本書の巻末には、困難を抱えた時に助けてといえる支援団体のリストを掲載しています。参考にしていただければ幸いです。

本書は、性暴力被害者の実態を社会に伝え、性暴力が生じるメカニズムを解明するとともに、性暴力のない社会を目指すことの重要性を理解していただきたいという思いを込めて書きました。性暴力をなくすために私たち一人ひとりが取り組んでいく必要があるのだということを理解する一助となれば幸いです。

謝辞

なおＮＨＫのアンケート調査は、募集に際して、回答をいただいた内容は個人情報を伏せた形で集計し、ＮＨＫの番組だけでなく専門家の研究などでも使用することの了解を得ています。

本書で紹介している分析結果の解釈は、日本福祉大学長江美代子さんと長江さんを研究代表者とする研究会のメンバー、日本フォレンジックヒューマンケアセンター会長の片岡笑美子さん、NHK性暴力を考える取材班の村山かおるさん、飛田陽子さん、村山世奈さんとのディスカッションに多くを負っています。

長江美代子さんを研究代表者とする研究は、国立研究開発法人科学技術振興機構（JST）SDGsの達成に向けた共創的研究開発プログラム「性暴力を撲滅する社会システム構築に向けた、被害者早期救済とPTSDケア迅速化の人材育成および全国展開に向けた体制づくり」（JST,RISTEX,グラント番号 JPMJRX 2116）の助成を受けて実施されました。

また、データ分析は、（株）マイ．ビジネスサービス．の林直美さんが担当してくださいました。インタビューを快く引き受けてくださったみなさまにも心から感謝いたします。多くの方々の力を借りて本書は誕生しました。この場を借りてお礼を申しあげます。

第1章　追い込まれる女性たち

コロナ禍で最も社会の関心を引いたのは、女性の自殺者の増加やその遠因とも見られる家庭内暴力の顕在化や性暴力の増加ではないでしょうか。二〇二二年一〇月一四日、政府は自殺総合対策大綱を閣議決定し、女性への対策を新たに重点施策として加えています。特に深刻なのが二〇代以下の女性や子どもの増加です。

1　女性を直撃したコロナ禍─DVとその実態

これは世界的な現象で、二〇二〇年四月九日には国際連合から新型コロナウイルスの女性への影響に関する報告書が出され、新型コロナウイルスの大流行により、経済的、社会的ストレスが増し、人との接触や移動が制限される中で、女性や女児に対する暴力が世界的に増加していることが指摘され、グテーレス国連事務総長は「女性に対する暴力の防止と救済」をコロナ禍における国家の応急対応のための計画の重要項目にするように要請する声明を発表しています（1）。日本も例外ではありません。

厚生労働省が発表した警察庁の統計にもとづく二〇二〇年の自殺者数（速報値）は前年確定値より七五〇人多い二万九一九人で、リーマン・ショック後の二〇〇九年以来一一年ぶりに増加し、男性の一％減に対して女性は一四・五％の増加（二年ぶりの増加）となっています。二〇二一年は二万八三〇人と前年の確定値と比較して二五一人減少していますが、コロナ禍前の一九年と比較すると六六一人増加しています。

コロナ禍前の五年間（一五〜一九年）の平均人数と二一年の数字を比べると、全体では七八四人（三・七％）減っているものの、女性の一九歳以下では六九・八％、二〇代で四七・四％と顕著に増加しています。男性は一九歳以下では九・一％、二〇代で四・九％増えています。

命を支える自殺対策推進センター（JSCP）では、二〇二〇年一〇月二一日に「コロナ禍における自殺の動向に関する分析（緊急レポート）」を発表し、なぜコロナ禍で自殺者が増加したのか、その原因を分析しています。その結果、「同居人がいる女性」と「無職の女性」が全体の自殺死亡率を増加させていることがわかりました（2）（JSCP　二〇二〇：七）。無職者では主婦、学生では高校生が特に増加しています。

このセンターに寄せられた相談では、配偶者と暮らす女性から「コロナでパートの仕事がなくなり、夫からは怠けるなと毎日怒鳴られる。こんな生活がずっと続くなら、もう消えてしまいたい」といったものがあり、背後には、コロナ禍が主に女性の非正規労働者を直撃したことがある、と指摘しています。

「女性の自殺の背景には、経済生活問題や勤務問題、ＤＶ（ドメスティック・バイオレンス）被害や育児の悩み、介護疲れや精神疾患など、さまざまな問題が潜んでいる。コロナ禍において、そうした自殺の要因になりかねない問題が深刻化しており、これらが女性の自殺者数の増加に影響を与えている可能性がある」(3)（ＪＳＣＰ 二〇二〇：八）。

これらの数字やレポートから、経済問題が引き金になっているとはいうものの、主婦や女子高生の自殺者数の増加はそれだけでは説明できず、背後に家族の問題があることが推測できます。

以下は「文藝春秋」二〇二〇年一二月号に掲載された秋山千佳子さんの論文の中で引用されている、精神科医加茂登志子先生へのインタビューを抜粋したものです(4)。

今回は……大人も子どもも家に閉じ込められて孤立化が進みました。

その中で特に負荷がかかったのが女性たちでした。私の外来でも夫の在宅勤務の場合も、家にいる子どもや夫の面倒を見るのは女性になりやすいのです。また長期休校明けに不登校になった子どももたくさん出たのですが、そうしたケースではお母さんも精神的に追い詰められていました。……ＤＶも増えています。

連合総研が二〇二〇年の六月に実施した「テレワークに関する調査二〇二〇」でも、テレワークによって家族の会話が増えた（二九・五％）といった回答や、プライベートの充実につながった（二五・四％）といった回答が多いものの、「家族のちょっとしたことでイライラするようになった」（九・九％）や「孤独感が増した」（九・五％）「家族の喧嘩が増えた」（五・六％）といった回答もあり、コロナ下で孤独感が強まったり、ＤＶの可能性が示唆される回答が見られます（5）。

前述の文藝春秋の論文の中では、精神安定剤を過剰摂取して自殺を図り家族に早期に発見されたことで一命を取り留めた女性の話が紹介されています。

Ａさんの恋人はモラハラ体質の大手企業社員で、コロナ禍で仕事がうまくいかなくなり暴力をふるうようになったといいます。他方、Ａさんは離婚歴のあるシングルマザーで、もともとは国家資格を活かした仕事についていたのですが、離婚のショックで精神疾患になってしまい、仕事が続けられなくなってしまいます。元夫からの養育費も滞り、心の病を抱えながら子育てと仕事の両立ができる仕事として風俗で働き始めましたが、その風俗を離れ今までの貯蓄で生活しようとしていた矢先に恋人から金銭的な負担を強いられます。それに追い打ちをかけたのが、息子の実父への暴力。祖父に小言を言われたことに腹を立てて、祖父の首を絞めようとしたり、金属の棒を振りかざしたりしたと言います。ＤＶは次世代にも連鎖していたのです。そんなことが重なり、外出もできない中で追い詰められ、毎日数時間「死にたい」と思うようになり、睡眠薬を大量に飲み自殺を図ります。倒れているところを家族に見つけられ病院に搬送され一命を取り止めます。自殺未遂後、家族とも距離をおけたことで、死ぬ以外のことが考えられるようになったということです。

この例からわかるように、今回のコロナがきっかけとなって自殺や自殺未遂に至ったというよりは、それ以前に家族内に問題を抱え、家庭内暴力に苦しめられていた女性が、今回のコロナをきっかけに経済的にも追い詰められ、また、夫や恋人が家にいることによって暴力がさらに激しさを増し、追い詰められたと言えそうです。コロナ禍が可視化したのは、女性（特に非正規）への深刻な雇用への影響だけでなく、今まで表面化しなかった日本の家族が抱える闇をコロナが照らし出したと言えるでしょう。

以下は特定非営利活動法人「自殺対策支援センターライフリンク」が主催する自殺対策ＳＮＳ相談「生きづらびっと」（https://yorisoi-chat.jp）に寄せられた女性の性被害に関する相談事例です。個人が特定されないように一部改変したものをＮＰＯ法人ライフリンクから許可をいただきましたので紹介します。

【一〇代女性／無職】同棲中の彼氏に四六時中監視され、性的暴力を受けている。体調が悪いが、外出がままならない状況の中で、病院にも行けない。コロナの影響で失業した父親がアルコール依存になって家族に暴力を振るうようになったことから実家を飛び出したため、実家にも戻れない。もう死にたい。

【二〇代女性／大学生】コロナで客が減り、飲食店のアルバイトをクビになった。大学の学費のために奨学金を借りていて、生活費も自分で稼がなければならない。実家には精神疾患の母親がいるため戻りたくない。マッチングアプリで知り合った男性に、お金で性行為を強要されて応じざるを得なかった。生活のためだったが、あんなことしなければ良かったと、自分を責め続けていて苦しい。

【一〇代女性／専門学校生】コロナの影響で外出できず、彼氏とは彼の自宅であうようになったのだが、自宅に行くたびに性行為を求められ、一度断ったら「だったら別れる」と冷たくされた。それでも彼のことが好きで別れたくないため、嫌でも性行為を断れない。それに、お願いしても避妊をしてもらえず、いつ妊娠してしまうかとにかく心配。彼もコロナの影響で仕事がなくなって大変な状況なので、自分が支えたい気持ちもあるが、どうしたらいいかわからない。

【二〇代女性／風俗店勤務】精神疾患を抱えていて、買い物依存症のためカードローンで借金苦に陥っている。勤務先の風俗店の店長から個人的に性的関係を強要されているが、借金返済のために店を辞めることもできない。高校中退後、他に仕事をしたこともないので転職もできない。コロナの影響で収入も減って、どうすればいいかわからない。消えてしまいたい。

【三〇代女性／主婦】夫がリモートワークで自宅にいるようになり、ストレスからかお酒を飲みながら仕事をすることもある。仕事で嫌なことがあると、暴言を吐いたり暴力を振るうようになった。赤ちゃんがいるが、赤ちゃんが泣いていても、酔った勢いでおかまいなしに性行為を強要してくる。赤ちゃんを抱いて外出しようとすると「赤ん坊がコロナになったらどうするんだ！」と怒鳴られるため、外出もできない。死んだら楽になるんじゃないかと、赤ちゃんと一緒に死んでしまいたくなる。

【三〇代女性／パート勤務】コロナの影響で夫の会社が潰れそう。給与も減って、進学を控えた子どもの学費が心配。在宅勤務の夫はいつもイライラしていて、言葉の暴力がひどくなった。自分もパートで働いているが、勤務先のオーナーにシフトに優先的に入れる代わりにと性行為を求められ、断れずに応じるしかなかった。家にいたくないし、仕事をすれば収入の足しになるが、いつオーナーに性行為を求められるかと不安でならない。どこにも居場所がない。どうすればいいかわからない。もう限界。

2　ドメスティック・バイオレンス（DV）とは何か

「ドメスティック・バイオレンス（DV）」という言葉を聞いたことがある人は増えているにもかかわらず、どのような行為をDVというのか。そもそもDVとは何かについて理解している人は少ないのではないでしょうか。

DVとは何か

長い間、加害者への教育プログラムを実施している山口のり子さんは、DVを「力による支配」と述べています。相手に暴力をふるうことが目的ではなくて、さまざまな種類の暴力を使って相手を支配することで自分の思いどおりに動かそうとすることが目的の行為です。

DVはあらゆる関係において存在する

DVというと、一般に男女間や夫婦間で行われる暴力を指すことが多いですが、実際には、異性間だけでなく、同性間でも、生まれた性ではなく性自認に基づく関係や、職場での関係、恋愛関係、元夫婦など、さまざまな形態の親密な人間関係において、支配を目的とした暴力が対象になります。

つまり「DVとは、それがどのような関係であれ、親密な関係の相手に対して、相手を支配するために、その力を使って繰り返し行う虐待行為である」と言えます。

DVが生み出される社会的背景

DVを生み出す要因には、①「力と支配」の価値観、②暴力を容認する社会の意識、③ジェンダーバイヤス、④男女不平等社会があります（山口　二〇一六：一四六〜一五八）。

①「力と支配」の社会の価値観

私たちが生きている社会では、親による力と支配に始まり、学校では教師が生徒を力で支配したりする場合があります。そして、生きていく上で必要な、人を尊重すること、平等な立場での人との接し方、共感の仕方などを学んでいないと大人になってから、親をモデルにして自身も力と支配で相手と接し、支配することが当たり前という価値観が身についてしまうのです。

それとは別に、両親は対等に接してくれたとしても、現実の社会の中で、ある国が自分たちは正義で相手は悪だとして戦争を始めたり、女性を差別して当然という価値観が社会に存在していたり、社会的な不正を働いている人たちが得をしている社会の実態を知ることで、暴力を使った支配が肯定されているという価値観を学んでしまうこともあります。私たち一人ひとりがそのような価値観を持っていないかどうか意識していかなければなりません。

②暴力を容認する社会の意識

映画やアニメには暴力が満ち溢れていて、「問題を解決するためには暴力を使うことも手段の一つ」というメッセージが込められています。

さらに、「親しい間柄の人間が手を上げるのは愛情表現の一つ」といった、しつけや正義のためなら暴力は条件付きで許されるといった価値観は社会に根強く存在します。悪いことをしたから、言っても聞かなかったから、叩くのはお前のためなどと親に言われて育つと「暴力＝愛情表現」と思い違いをしてしまいます。DV加害者の多くは親から叩かれた経験を持っています（山口 二〇一六：一五二）。しかし、親から叩かれて育った人でもDV加害者になるわけではありません。暴力は愛情表現ではないからです。

③ジェンダーバイヤスと④男女不平等社会

私たちの社会には社会的に作られた「男らしさ、女らしさ」という規範が存在します。例えば、誰かと親密な関係になったら、相手を守る、自分がリードする、など、男性は女性に対して優位に立とうとしたり、威圧的な態度をとったりしがちです。同時に女性には従順さを求めます。また、「強い男という社会規範」があり、弱音を吐かない、感情を表さない、表現しないなどが男らしいという規範もあります。現実の社会で思いどおりにならないことが続いたりしても、弱音が吐けないと、それが蓄積されて、その怒りが相手に向かい、わかってもらえない苦しみが怒りとなり、暴力を振るってしまうということが起こります。

他方、女性はそれを受け止め従順に男性を立てることが美徳と教えられます。結果として、加害者が男性で被害者が女性であるという構図ができあがり、両者が共依存の関係を形成し、そこから逃れられない状況が存在してしまうのです。また、被害者が被害を受けていることになかなか気づけない理由にもなっています。

とはいうものの、それは幸福な状況ではないのです。暴力は相手を深く傷つけ、被害者は自尊感情や自己コントロール感を弱めていきます。それによって関係そのものが破綻してしまうのです。そして、このジェンダーバイヤスに基づく社会規範がＤＶを生み出す最大の要因だと言われています。

お茶の水女子大学の戒能民江《かいのうたみえ》名誉教授は、ＤＶとは、夫と妻や交際相手など、ジェンダー秩序に基づく社会的な力の差を背景に、他人がなかなか踏み込めない個人的かつ閉鎖的な関係を利用し、家庭内など密室の空間で、このような行為を継続することによって暴力的な日常を作り出し、相手の自尊感情や自己コントロール感を弱めて、人間の尊厳を奪う行為である。つまり、DVとは、複合的なさまざまな暴力が反復・継続することによって相手を支配する（意のままにする）ことである（一般社団法人社会的包摂サポートセンター編　二〇二一：一〇七）。

とのべています。DVそのものは性中立的な概念なのですが、DVは女性に不均衡な影響を及ぼすということです。同性カップルの場合は、男性役割の人、女性役割の人と言い換えてもいいと思います。

つまり、DVの問題の根幹には「男女平等社会が実現されず、女性が経済的に自立をすることが困難な状況であるために、個人の尊厳を害する暴力の被害者は多くの場合女性である」（山口　二〇一六：一五八）ということが言えます。今回のコロナ禍で明らかになったのは、これが世界的な現象であることであり、背後には歴史的に男女の不平等な力関係が存在し、その結果、女性の人権が侵害されているということです。

DVの類型

以下ではDVの具体的な中身について見ていきましょう。

①精神的DV

精神的DVとは、相手に向かって馬鹿にした言葉や汚い言葉を使ったり、欠点をあげつらったり否定的なことを言ったりする、どなる、皮肉や嫌味を言う、など人格を否定するような暴言を吐くことや、交友関係や行き先、電話・メールなどを細かく監視したり、長期間無視するなどの精神的嫌がらせ、反省文を書かせるなどの相手を傷つける言動のことを言います。

「結婚して五年、モラハラを受けています。テレワーク中の主人に「先に休みます」と声をかけたら、会議を終わった後、私が寝ているところで首を絞められて目が覚めました。早く寝るなんて生意気だとあざになりました」（一般社団法人社会的包摂サポートセンター編　二〇二一：七四〜七五）。

②身体的DV

相手に向かって物を投げる、唾を吐きかける、噛みつく、つかんでゆする、蹴る、部屋や家から出ないようにさえぎる、監禁する、押したり突いたりする、押さえつける、髪の毛をつかんで引っ張る、平手で顔を叩く、ゲンコツでなぐる、頭突きをする、物を使って叩く、首を絞める、危険物や凶器を使う、タバコや熱いもので火傷させる、足をひっかけて転ばせる、など、直接的な暴力で、刑法の傷害や暴行に当たるものです。「結婚して三年なんですけど、普通に職場結婚で。妊娠したら急に不機嫌な人になってしまって。生まれるまではまだよかったんですけど生まれたら、夜泣きとかいろいろあるじゃないですか。赤ちゃんって。いちいちそのたびに、怒鳴るようになって。うるさいとか、なんとかしろとか、眠れないとか。（中略）言葉だけじゃなくてパーではたきます。ものを壁に投げたりします。この間は腰を蹴られたりもしましたけど。子どもが泣いちゃうので本当に困るし、怖くて」（一般社団法人社会的包摂サポートセンター編 二〇二一：六八）。

③経済的ＤＶ

経済的ＤＶとは、生活費を渡さない、通帳やクレジットカードをいっさい持たせない、お金の使途をいちいちチェックするなど経済的に支配する暴力です。

「夫が生活費を渡してくれないんです。結婚して八年です。子どもは二人います。夫は公務員で、係長なのでそれなりに収入があるんですけれど、生活費を二万円しか渡してくれないので、私が、これでは足りないというと、「俺の働いた金だ」とすごく怒るんです。自分が独身のころに貯めたお金を使っています。仕方がないので。それでパートに出たいと言ってみたこともあったのですが、その後もすごく怒られて。俺の稼ぎが足りないと言うのか！って。（中略）小一と三歳の子どもがいます。子どもには、気に入らないことがあると説教します。正座させて。げんこつで軽くはたくくらいはします。体罰はいいと思っているみたいです（一般社団法人社会的包摂サポートセンター編　二〇二一：六七～七一）。

④性的強要

力や暴力でレイプする。嫌がっているのに性的行為を無理強いする（不同意性交）。見たくないポルノ映像等を見せられる。避妊に協力しない、などの行為のことを言います。

調査結果からわかったこと

内閣府では平成一一年（一九九九年）度から三年ごとに全国二〇歳以上の男女五〇〇〇人を対象に男女間の暴力に関する被害状況について調査をしています。以下では二〇二一年度の調査の結果から、ＤＶの実態についてみてみましょう。

①配偶者からの暴力

二〇二一年度の調査を見ると、二三・五％が配偶者からの暴力を経験したと回答しています。身体的暴行は一四・七％。心理的攻撃は一二・六％、経済的圧迫は五・九％、性的強要は五・三％となっています。主に身体的暴行と心理的攻撃が多いことがわかります。

次に性別に分けて見ると、女性は二五・九％、男性は一八・四％と、女性の方が配偶者から被害を受けやすいことがわかります。暴力の種類別に見ると身体的暴行が一七％、心理的攻撃は一四・六％、経済的圧迫は八・六％、性的強要は八・五％となっています。男性では身体的暴力が一二・一％、心理的攻撃が一〇・二％、経済的圧迫が二・八％、性的強要が一・三％で、男性の場合には主に身体的、心理的攻撃を多く受けていることがわかります。

子どもにも被害が及んでいる

また、被害を受けたことのある家庭の約三割は子どもにも被害が及んだと回答しています。例えばアメリカではDV加害者の男性はそうでない男性の七倍も子どもを虐待する確率が高くなっています（山口　二〇一六：六八）。親のDVを目撃した子どもは親の行動を見て親がするようにしてしまうので、DVの家庭で育った子どもはそうでない家庭の子どもよりも加害者になる確率が高いと言われています（山口　二〇一六：六八）。DVは次の世代に連鎖するバイオレンスなのです。

多くの被害者は誰にも相談していない

しかし被害を受けた女性の四割、男性の約六割は誰にも相談していません。そして、被害者の女性の一六・三％は相手と別れ、四四・一％は別れてはいないものの別れたいと思っています。他方、男性の被害者は別れた人が一四・二％、別れてはいないものの別れたいと思っている人は二三・七％と男女差があります。

また、命の危険を感じたという回答は、女性が一八・二％であるのに対して男性は五・〇％と、ここにも男女差があることがわかります。

②交際相手からの暴力（デートDV）

女性の一六・七％、男性の八・一％が交際相手から暴力の被害を受けたことがあると回答しています。さらに、同居する交際（同棲）相手からの被害になると、女性では三九・四％、男性では三六・七％と高い割合になっています。また、命の危険を感じた人は女性で二三・七％、男性では七・二％で男女差が大きく、被害を受けた女性の五九・八％、男性の五〇・六％は交際相手と別れています。

デートDVは主に若いカップルの間で起こりがちです。相手を独占したい、自分だけを見てほしい、自分のことをわかってほしいという欲求を相手に押しつけ、その欲求が満たされないと力を使って相手を思いどおりにしたいと考えます。

SNSで寄せられた相談では、スマートフォンによる監視や厳しい束縛の相談が寄せられています。居場所確認のLINEが入り、すぐに返信しないとその日の夜にアパートの前で待っていて、なぜ返信しないのかと説教されるという事例です。このような束縛はデートDVの特徴で、高じるとエスカレートする危険があり、束縛がどの程度のものなのか、大学の相談室やDV被害者支援の民間団体などに相談し、危険度が高い場合には、アカウントを変えたり、引っ越したりするなどの具体的な行動をとることが必要になります（一般社団法人社会的包摂サポートセンター編　二〇二一：七八〜八〇）。

③ストーカー被害

特定の相手からの執拗なつきまといの被害も増えています。最近も博多駅前で元交際相手に胸や頭などを包丁で刺されて女性が死亡したストーカー事件がありました。女性が被告のストーカー行為について警察に相談したことを恨んでの犯行と見られています。調査の結果によると、女性の一〇・七％、男性では三％が、被害を受けたと答えています。

二〇〇〇年一一月にストーカー規制法（ストーカー行為等の規制等に関する法律）が「桶川ストーカー殺人事件」を契機に議員立法として成立し、施行されました。桶川ストーカー殺人事件は、女子大生が元交際相手を中心とするグループから嫌がらせ行為を受けたのちに一九九九年一〇月二六日に高崎線桶川駅で殺害された事件のことです。

「ストーカー行為」とは同一の相手に対し「つきまとい等」を繰り返し行うことです。行為の禁止命令を受けたにもかかわらず命令に違反した場合には罰則が課せられます。禁止命令は発令から一年間で必要があれば延長が認められます。

警視庁によると、二〇二一年の相談件数は一一〇二件で、減少傾向にあります。また、二〇二一年のストーカー相談者の年齢を見ると、二〇歳代が三八％、三〇歳代が二五％となっており、二〇～三〇代に集中しています。

二〇二一年の内閣府の調査によると、一〇・七％の女性、四・四％の男性が特定の相手からのつきまといなどの被害を受けたと回答しています。二五・四％の女性、一九・七％の男性が命の危険を感じたと回答しています。

七七・七％の女性と六二・一％の男性は被害についての相談をしており、他のDVに比べて命の危険を感じた被害者の割合は高く、また、相談している人の割合も高くなっています。

加害者は、交際相手・元交際相手（三二・一％）、職場・アルバイトの関係者（上司、同僚、部下、取引先の相手など）（二〇・五％）、通っていた（いる）学校・大学の関係者（教職員、先輩、同級生、クラブ活動の指導者など）（一五・八％）、職場・アルバイト先の客（九・七％）、元配偶者（事実婚を解消した者を含む）（四・二％）、地域活動や習い事の関係者（指導者、先輩、仲間など）（三・一％）、SNSなどインターネット上で知り合った人（三・一％）、配偶者（事実婚や別居中を含む）（二・三％）、親（一・五％）、全く知らない人（一〇・四％）、知っているかどうかもわからない人（一〇％）となっていて、交際相手が最も多いとはいうものの、加害者の分布はそれ以外にも大きく広がっていることがわかります。

ストーカー事件は、デートDVと関連しており、相手が自分（加害者）から離れようとする時に起きやすいDVの一つの形態で、心と体への暴力です。「デートDVの加害者にとっては、相手の女性は自分のものであり、自分の許可なく勝手な振る舞いをして離れていったり、別れたりしてはならないのです。相手に執着してストーカー行為に及びます」（山口　二〇一六：五四）。

④パパ活とストーカー

「パパ活」とは年上の男性と食事やデートをしてお小遣いをもらうことを言います。専用のマッチングアプリで「パトロン」を探します。その相手からの脅しなどの暴力も増えています。

SNSの相談事例では、パパ活の相手から脅されているという相談が紹介されています。相談者は派遣労働者。給与が少なく雇用も不安定だったので二年ほど前からパパ活を始めます。その相手から結婚しろと言われ、断ったところ、マジキレて、ストーカー行為をされそうだと言います。相談者がどこの会社で働いているのかもわかっているので、自分とデートしないと、証拠写真を社長に送りつけると脅されているということです。

この場合は、最寄りの警察や男女共同参画センターなどのストーカー相談窓口に相談し、対応策を検討することが必要です（一般社団法人社会的包摂サポートセンター編　二〇二一：九〇～九三）。

⑤性暴力（無理やりに性交等をさせられる）

二〇二一年度の内閣府の調査によると、女性の六・九％、男性の一％が無理やりに性交等をさせられた被害経験があると回答しています。

加害者は交際相手・元交際相手（二八・九％）、配偶者（事実婚や別居中を含む）一六・二％、元配偶者（事実婚を解消したものを含む）一〇・六％、職場・アルバイト先の関係者（上司、同僚、部下、取引先の相手など）八・五％、通っていた（いる）学校・大学の関係者（教職員、先輩、同級生、クラブ活動の指導者など）四・二％、SNSなどインターネット上で知り合った人四・二％、職場・アルバイト先の客三・五％、地域活動や習い事の関係者二・八％、親（養親、継親を除く）二・一％、兄弟姉妹（義理の兄弟姉妹も含む）一・四％、生活していた（いる）施設の関係者（職員、先輩、仲間など）一・四％、養親・継親または親の交際相手〇・七％となっています。約八割は、顔見知りからの被害になっています。

また、一八歳未満に被害を受けた人の一二・二％（女性八・六％、男性三三・三％）は監護するもの（保護者）から被害を受けた経験があると回答しています。

しかし、相談している人は少なく、被害を受けた女性の約六割、男性の約七割はどこにも相談していません。また、相談している人のうち友人や家族で警察に連絡したり相談したりしている人は五・六％と低い割合になっています。また、相談しなかった理由は、恥ずかしくて誰にも言えなかったから（四三・五％）、自分さえがまんすればなんとかこのままやっていけると思ったから（三一・九％）、そのことについて思い出したくなかったから（二一・二％）、相談しても無駄だと思ったから（二〇・二％）となっています。

増加する児童虐待

二〇二二年に警察が児童虐待の疑いがあるとして児童相談所に通告した一八歳未満の子どもは一一万五七三〇人（暫定値）で、前年より七・一％増加しています。七割は言葉による脅しや無視などの心理的虐待ですが、子どもの面前で配偶者らに暴力をふるう面前ＤＶも増えています。性的虐待は三二二人報告されていて、前年より八・八％増えています（朝日新聞、二〇二三年二月五日）。

ただし、これは氷山の一角に過ぎず、多くの性虐待は隠されている場合が多いと聞きます。加害者との関係が親密なだけに、親にも相談できずに、それが原因でＰＴＳＤ（心的外傷後ストレス障害）などの症状に苦しむ被害者が多くいます。

「もうなにもかも嫌になっちゃって。リスカ（カッターナイフなどで手首を傷つける自傷行為）したくなっちゃう。あたしなんてクズだから。うーん。自分が汚いとしか思えなくて、消えちゃいたいといつも思っている」。

この相談は、母親が再婚した相手から性被害を受けている若い女性からの相談です。母親が家にいない時に体を触られたり、セックスをさせられたりしています。避妊具も使っていないので妊娠の危険もあります。しかし「お母さんせっかく結婚できたのに、お母さんのこと考えたら、誰にも言えないし、気まずいし」とＳＮＳで相談してきたのです。

これはＳＮＳでの相談なので、警察や性暴力被害者のためのワンストップ支援センター、児童相談所などへのアクセスの方法について伝えています（一般社団法人社会的包摂サポートセンター編二〇二一：九四〜九七）。

この相談者の加害者は母親の再婚相手ですが、加害者は祖父、父親、兄など実の家族からの被害も報告されています。性被害とその後の後遺症については第2章以降で詳しく触れたいと思います。

レイプドラッグ

飲み物に睡眠薬などを入れ、相手を抵抗できない状況にして性行為をする性暴力が増えていると言われています。伊藤詩織さんの『Black Box』（文藝春秋）では、被害時にレイプドラッグが使われた可能性が示唆されています。記憶はなくても歩くなどの行動は可能なために逆に性暴力被害の立証が困難になるといった問題もあるようです。

以下はＳＮＳでの相談事例です。

相談者は「昨日お酒を飲んだら、記憶がないんです。それでどうしたらいいか困ってしまって」と書き込んでいます。マッチングアプリで知り合った初対面の彼と、待ち合わせて居酒屋に行って、二杯目のハイボールを飲んだあたりから記憶を失い、気がついた時はホテルのベッドで、彼が隣に寝ていた。驚いて服を着て家に帰って、どうしたらいいのか困って、ＳＮＳで相談したというケースです。

相談員は相談者にすぐに産婦人科に行って証拠採取をしてもらい、緊急避妊薬（モーニングアフターピル）を処方してもらうことを提案しています。というのは、このようなケースで重要なのは、七二時間以内に産婦人科などの病院に行くことだからです。性行為後七二時間以内に緊急避妊薬（モーニングアフターピル）を飲むと感染症や妊娠の予防ができます。また、一人で行動するのが不安な相談者には、性暴力被害者のためのワンストップ支援センターに電話で相談することを勧めています。いずれにせよ、素早い対応が必要です。また、状況によってはピルを無料で処方してもらうこともできるということです。

⑥デジタル性被害

今世界中で急速に増えているといわれるのがデジタル性暴力です。性的な画像を同意なく撮影し、ネット上で拡散したり、拡散すると脅す暴力です。日本では「リベンジポルノ」として法制化されていますが、その被害は後をたちません。二〇一九年のリベンジポルノ相談件数は一四七九件で、うち、画像を公開すると脅されたケースが五八四件。被害者の九三・四％が女性で、加害者の六一・七％が交際相手か元交際相手です（一般社団法人社会的包摂サポートセンター編二〇二一：八八）。

ＳＮＳ相談の事例を見てみましょう。このケースは、デートＤＶがひどくなって彼と別れようとした時に、彼と性行為をしている動画が送られてきて、削除を頼んだら呼び出され、交際相手の友達も含めて三人に体育館の裏で強姦され、それも動画に取られ、脅されているというものです。相談者は一〇代の女性で、脅されているので、彼からの誘いを「もう絶対断れない。

でも嫌だからここに書き込みました。でももう疲れた。消えてしまいたい」と書き込んでいます。

この場合、近くのワンストップ支援センターに行き、相談してもいいですし、また、警察に相談すると動画を削除してくれます。さらに、このような被害にあった時には、NPO法人ぱっぷす、ポルノ被害と性暴力を考える会、セーフラインなどに通報すると、国内外のプロバイダーに動画削除の依頼をしてくれるとのことです。

⑦セクハラ被害

セクハラとは職場において行われる「性的な言動」により労働者が労働条件について不利益を被ったり、就業環境が害されることを言います。男女雇用機会均等法では、その防止を事業主が雇用管理上講ずべき措置として法律に定めています。しかし、それが徹底されていないのが現実です。

中小企業で働いている女性がセクハラ発言を繰り返す同僚のことで相談しています。「結婚しないのか、彼氏はいないのか、女の子の入れたお茶は美味しいから入れてくれ」と言ったり、歓迎会でお酌をさせられたり、何気に「きれいだね?」などと言いながら足を触ったりするそうです。事業主はこういう行為を禁止するための策を講ずべきですが、特に相談窓口のようなところはないとのこと。女性の上司も鈍感な感じだと言います。

どうしたらいいのでしょうか。

各都道府県労働局雇用環境・均等部、労働基準監督署、労働組合などに直接相談したり、SNSで相談したりすることができます。また、セクハラ被害に起因して「うつ」や「PTSD」などの疾病を発症した場合は、一定の要件を満たすと労働災害としても認められます。職場のセクハラについては本書の第4章で詳しく論じます。

3　コロナ下で増加するDV相談と「DV相談プラス」

二〇二〇年四月の国連事務総長の声明を受けて、日本でも新型コロナウイルス感染症拡大によるDV（家庭内暴力）の増加や深刻化に備えて、すでに存在したDV相談窓口を補完する形で二四時間対応の電話相談、SNSや電子メールを活用した相談事業「DV相談プラス」が始まりました。この事業では、外国語による相談等の実施に加えて、被害者の安全を確保するための同行支援や緊急保護支援を総合的に提供しています。

二〇二〇年四月から二一年三月までに受けたDV相談件数は一八万二一八八件。図1-1は、各月のDV相談件数を前年同月比で見たものです。これを見ると、どの月でも前年同月比で相

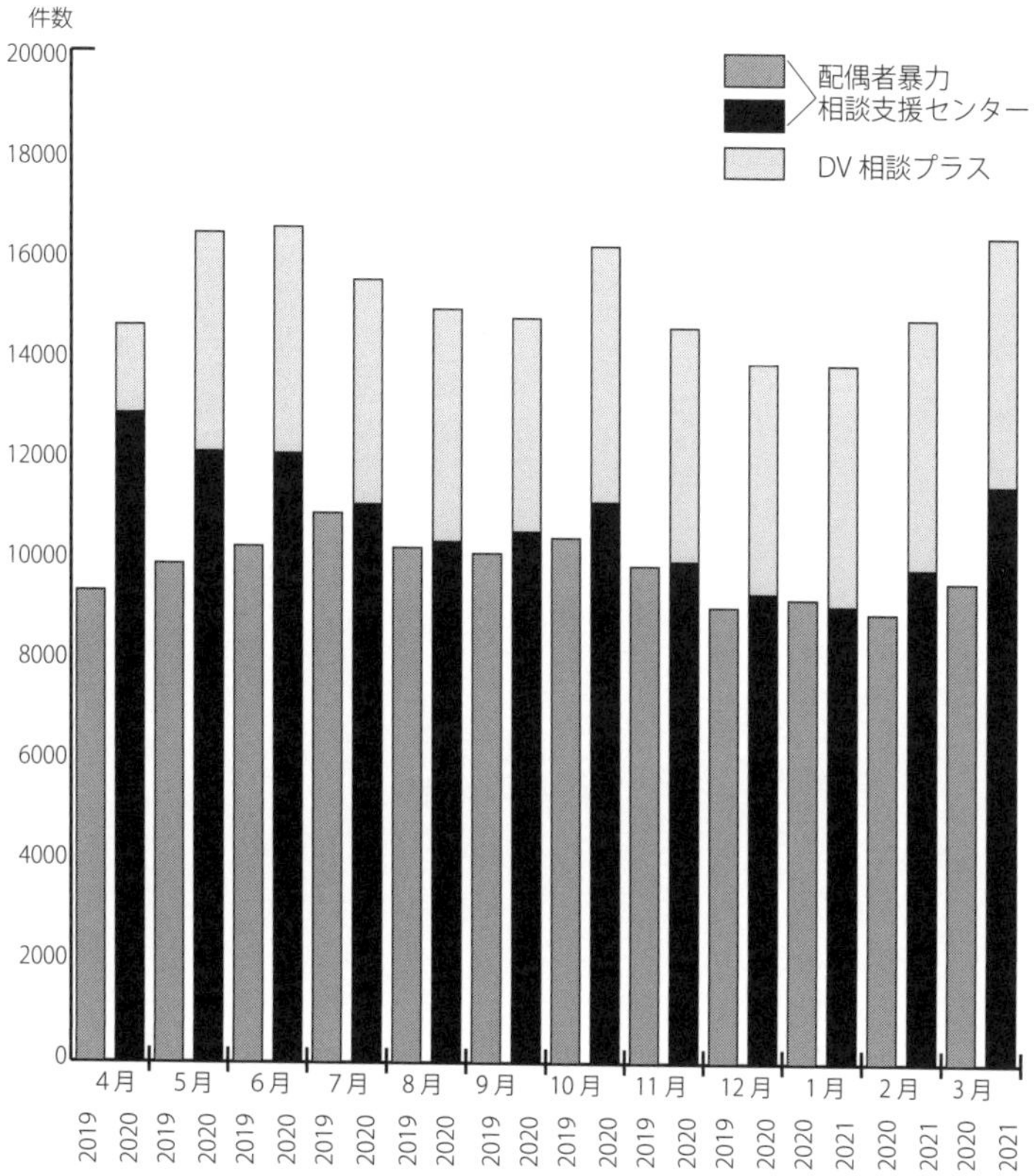

図 1-1　DV 相談件数の推移（出典：内閣府男女共同参画局調べ）

DV 相談件数の推移を見ると、2020 年 4 月から 2021 年 3 月（2020 年度）の相談件数は、18 万 2,188 件であり、前年度（2019 年度）全体の相談件数（11 万 9,276 件）の約 1．5 倍。

談件数が増えており、二〇一九年度と比較して二〇年度の相談件数は約一・五倍になっています。約七割は電話相談ですが、二割強はＳＮＳによる相談で、残りがメールの相談となっています。

「ＤＶ相談プラス」報告書によると、相談者の半数は、就学／就労者であり、半数は就学も就労もしていない人です。また、八七・六％の相談者が女性です。相談者のうち既婚者が六五・四％ですが、すでに離婚している者が九・二％、未婚が二四・三％となっていることから、ＤＶの被害者の年齢層にかなりの幅があることがわかります。

相談内容で一番多いのが、精神的ＤＶで全体の五七・七％を占め、次が身体的ＤＶの三〇・二％となっています。また、経済的ＤＶの相談が一九・四％と多くなっているのは、新型コロナウイルス感染症に関する給付金の問い合わせや、それをきっかけとして「生活費を受け取れていない」などの相談が比較的多く寄せられたことと関連しています（内閣府男女共同参画局二〇二一）。

「ＤＶ相談プラス」が開設された背景

長年にわたって配偶者からの暴力の電話相談を導入するために尽力を注ぎ、その経験の蓄積を今回の内閣府の「ＤＶ相談プラス」の導入につなげた一般社団法人社会的包摂サポートセンターの事務局長遠藤智子さんに、その経緯や相談から見えてきたことについてうかがいました。以下遠藤さんへのインタビューです。

――コロナ禍での遠藤さんのご経験をお聞かせください。

ＤＶの相談が一・五倍に増えていると言われますが、それは二〇二〇年度から内閣府事業である「ＤＶ相談プラス」が始まったことが大きいです。ここに来る相談が増えたことが全体の相談件数の増加につながっています。

二〇二〇年四月の段階で、政府はコロナ対策として内閣府が今まで実施していたＤＶ相談窓口に加えて、二四時間対応の電話相談だけでなくＳＮＳやメールでの相談対応などが加わった「ＤＶ相談プラス」をスタートさせました。今回は加害者が家にいるケースも多いことが想定されましたので、電話相談が難しい場合にもＳＮＳやメールでの相談ができるように工夫されています。全体の相談の七二％が電話相談、ＳＮＳが二一・八％、メールが六・二％となっています（内閣府男女共同参画局　二〇二一）。

相談に使われるツールによって、相談の中身にも違いがみられ、電話相談は、長年ＤＶに悩んでおられる人からの相談が多いのに対して、メールは精神的にダメージを受けている人からの相談が多く、また、ＳＮＳは若年者が多く、「こんなことしかされていないのですが相談してもいいですか」といった人と「性虐待で死にたい」と相談されてくる方など、被害の自覚や持っている情報、希死念慮の強さ等にばらつきがある状態のように思います。また、外国語相談では一〇言語対応が準備されています。

DV相談プラスの特徴は、相談員がこれは緊急性の高い事例だと考えた場合には、相談員からコーディネーターにつなぎ、コーディネーターが、相談者に宿泊などが必要ではないかと考えたときは、相談者の意向を確認したうえで、婦人相談所で保護されないかの可能性を確認し、難しい場合でも必要に応じてプラス事業で宿泊などを提供できるようになったことです。単に相談に乗るだけでなく、被害者の安全を確保し、同行支援や緊急保護などの支援を総合的に提供するワンストップのシステムが動いているというのが画期的な部分です。

「DV相談プラス」で支援にあたるのは相談員とコーディネーターです。コーディネーターはDV被害者の相談に三〇年のってきた、といった支援経験の長いその道のプロの皆さんで構成されています。相談員として一人前になるにはかなりの経験が必要です。

DVの相談者の多くは、加害者の支配とコントロールの下にあるため、本人は自分がDV被害者であるかどうかの判断ができない状態にあることもまれではないからです。そこで、誰かに言葉にしてもらうことで初めて「自分が受けているのはDVなのだ」ということがわかるようになることもあります。

SNSの相談では、やりとりが文字化されます。それを読んで、相談を受ける人が実際にどのようにして被害者にそれを自覚させるのかが可視化されるというメリットが生じたことも大きいと思います。

私は二〇〇三年から（全国女性シェルターネットの）事務局長をやっていました。DV被害者支援について、今回のように大規模な予算がつき、二四時間対応の電話相談に加えて、SNSやメールによる相談ができるようになったのは初めてです。二〇一一年には同じく内閣府事業で「パープルダイヤル」という電話相談事業が取り組まれました。二四時間の電話相談に加えて、被害者をシェルターに同行するところまでの支援ができました。今回は同行支援に加えて宿泊を提供する場合の予算もついています。

日本でDV法（配偶者からの暴力の防止及び被害者の保護等に関する法律）ができたのは二〇〇一年です。それ以前には、法的根拠がないという理由から、行政や公的機関が、夫などから暴力を受けた女性を積極的に保護・支援することは困難でした。夫から暴力を振るわれた妻が警察に駆け込んでも、妻を諭して帰宅させたりすることもありました。特に家族の中の争いごとについては明治民法の「法は家族に入らず」が戦後の民法に引き継がれ、家族は愛情によって結ばれているのであって、そこに法的介入は必要がないととらえられていて、「DV」は個人の問題と考えられていたのです。

さらに、DV被害者の一時保護の措置権限は、売春防止法を根拠とする婦人相談所の所長にあるため、時間がかかったりもしていました。DV相談プラスでは、相談から同行支援、宿泊提供までをワンストップでスムーズにやれるようになりました。電話で相談したら、相談員がシェルターなど安全な場所に同行してくれる。「助けて」と言ったらすぐに助けてもらえる仕組みができた。これはコロナのおかげと言っても過言ではありません。コロナがあって、国連の勧告があって、日本政府が英断して、やっとここにたどりついたのだと思います。

先ほどお話しした「パープルダイヤル」は五〇日間で終了しましたが、終了後、全国女性シェルターネット（DV被害者支援に関わる民間団体全国ネットワーク）は、「一度始めた女性の相談ダイヤルを止めることはできない」と決意して、パープルダイヤルの電話番号を引き継いで独自に相談に当たっていました。フリーダイヤルは一回線で一月一五〇万円くらいかかったと思います。借金をして民間がホットラインを守るという経験をしたのです。

その後、二〇一一年の東日本大震災の年に、被災者支援を目標とした社会的包摂サポートセンターが立ち上がりました。代表理事は宮古市長も務めた医師の熊坂義裕氏です。私もお手伝いすることになりました。シェルターネットの皆さんも協力してくださいました。社会的包摂サポートセンターでは、社会的に排除されがちな人を対象に、なんでも相談の窓口を設定し、女性、セクシュアル・マイノリティ、被災者など、特別な配慮が必要な相談者のための専門ラインを設けました。現在まで、二四時間三六五日、国の補助事業として運営しています。

今回、「ＤＶ相談プラス」という事業をフリーダイヤルで二四時間、全国の女性支援に関わる市民団体の皆さんで、相談を受けつけることができたのは、それまでのよりそいホットラインの一〇年間があったからです。この一〇年間に築き上げた経験と体制が「ＤＶ相談プラス」につながりました。パープルダイヤルが終了した時に「どうしてもダイヤルを続ける」といったシェルターネットの皆さんのように、志を持って諦めないことはすごいことだと思います。

―特別給付金が世帯主に支給されたことによってＤＶ被害が顕在化した？

今回の相談の特徴の一つは、経済的ＤＶの相談が比較的多かったことです。背景に、給付金の相談が多く寄せられたことがありました。
以前にも被害者の分の自分の給付金を加害者である世帯主に支給されることで問題が生じたことがありましたけれども、ここまでこの問題が被害者によって顕在化されたことはありません。皆が今とても経済的に困っていて、その現状が反映されているのではないかと感じました。氷河期世代以下で生活が苦しくなっている人にとって一〇万円の意味が大きくなっていると思います。それを世帯主が総取りすることに対する反発があり、「給付金を子どもの教育費に使おうと思っていたのに、世帯主が自分のキャバクラ代に使った」、「今まで夫婦関係が悪くて罵罵雑言を吐かれていたが、この一〇万円も取られてしまうのかと思った途端、怒りがこみ上げてきたなどと話された方もいた」と聞きます。相手の本性が見えてしまったのだと思います。

そして、これはやっぱりＤＶではないか、自分はＤＶの被害者ではないかと気づくようにもなったわけです。今までのＤＶの被害者は骨を折られても「これＤＶでしょうか」というような方がたくさんいました。それが今回、政府から「個人に給付金が支払われる」と明言されたことで意識が変わったのではないかと思います。今までは世帯主が受け取るのが当たり前という考えが強かった家庭の中で変化が始まったのかもしれないと感じます。

相談者から「なぜ私個人にもらえないのか」と聞かれて、「家を出られていて、ＤＶの被害者だと証明があれば、給付金はあなたの口座に入りますよ」と説明される。すると、「家を出る」という新しい可能性について考えることができるようになるのだと思います。電話相談を通じて相談者は自分のおかれた状況を可視化したのではないでしょうか。

――相談から見えてきたこととは？

コロナによって仕事や収入が減り、もともとＤＶ加害のある夫が在宅勤務になったとか、二人で経営している飲食店が閉店せざるを得なくなり夫から暴言を吐かれ、暴力を振るわれているといった相談もあります。

また、職場でのセクハラの相談もあります。派遣社員として働いていて、加害者は派遣先の男性。生活のために仕事を辞めることができない。派遣先での相談窓口はあっても、解雇されるかもしれないと思うと相談できないといった派遣社員からの切実な相談もあります。

今お話しした事例は既婚女性や学校を卒業して働いている女性の相談ですが、それ以上に深刻だと思うのは、一〇代からの相談です。多くが家族との葛藤を抱えて家庭に居場所を失っています。また、家族から性被害を受けている事例も見られました。

日本社会の中には家族を理想化する傾向がありますが、仲のいい家族だけではないのです。「仕事を失い仕方なく実家に戻ったが、父の暴言がひどくどうやって家を出たら良いか」という一〇代からの相談や、母親から「大学生の長男が幼少期から父親の暴力を受けてきたがコロナ禍でひどくなっている。相談者自身も言葉の暴力（精神的ＤＶ）を受けている」といった相談もあります。

さらに、家庭に居場所を失った少女が、ＳＮＳ（ネット）を通して会った男性と関係を持つようになったり、お金のために援助交際をするようになったりもします。例えば、「ネットで知り合った人の所にいたが、相手に殴られたり蹴られたりして、毎日性行為を強要されていた。これから先どうしたらいいか」といったような相談です。相談者は多分一〇代でしょう。相手が避妊しなければ、妊娠し、中絶することにもなるかもしれません。このようなネット上の関係を発端とした性暴力被害は今後さらに増加すると思います。

さらには、親や家族からの性被害もあります。「父親から夏休みにレイプされたが、母親には打ち明けていない」、「兄から小さい時から身体を触られていた」、「一人暮らしを始めたら、兄が部屋に来てレイプされた」といった相談もあります。

――このような相談を受けて、遠藤さんが今一番感じていることは何なのでしょうか？

このようなＤＶや性暴力の相談に携わって思うのは、相談者は一部に過ぎないということです。公的なところに相談に来る人が減っています。それよりも、直接的にお金がもらえるところや食べ物をもらえるところに行く。世代の上の人は誰かに相談して助かったという経験を誰かから聞いているけれど、若い人は全部ネットで情報を入れている。しかもネット上では「性的な自分自身をお金と交換する」なんて何でもないと思わせる書き込みばかりです（性行為だけでなく下着を売ったりなども含む）。若年女性たちが家出して泊めてもらう代わりに性行為をするなんて日常的な風景にすらなっている。被害にあった人がいないはずはないけれど、そんな書き込みはあまりありません。

さらに、今の日本社会は、彼女たちに、「自分で選択したんじゃないの」という自己責任を押しつける風潮があります。彼女たち自身も、自分の責任だと思い込まされている。でも実際には選択肢がないのが現実ではないでしょうか。選択できない状況での性的行為は「被害」だと思います。だから、時間がたってからＰＴＳＤ（心的障害後ストレス障害）などの発症にも結び付くこともある。

支援制度は不十分です。極端な言い方をすれば、生活保護を受けないのであれば、死ぬか盗むか自分を売るかしかない状況なんじゃないでしょうか。だから「相談を受ける側は、困ったら相談していいんだ、公に面倒をみてもらっていいのだ」ということを声を大にして言いたいし、言わなければいけない時代になっていると切実に思っています。

4　ＤＶ被害者の支援

二〇〇一年一〇月に配偶者からの暴力の防止及び被害者の保護等に関する法律（通称ＤＶ防止法）が施行されるまで、公的な機関はＤＶ被害者の支援には関わってきませんでした。ＤＶ防止法ができ、保護命令が出せるようになり、支援そのものは公的な機関が行うという仕組みが日本にできあがりました。

きっかけとなったのは一九九五年に開催された「第四回世界女性大会（北京女性会議）」でした。ここで女性に対する暴力が大きなテーマになり、各国が取り組むべき優先順位の高い課題と位置づけられたのです。この会議には一八〇カ国からの参加があり、日本からも約五百人を超える参加者がありました。

それ以前は、日本では夫婦間の暴力は、私的領域で法が介入すべき領域と考えられてこなかったのですが、妻に対する暴力も犯罪となる行為であることが認識されるようになったのです。その会議に参加した女性たちが、帰国後、それぞれの場所で民間シェルターを運営し、また、政府は九五年に二〇〇〇年に向けた男女共同参画計画を作成し、その中で女性に対する暴力の根絶をテーマに掲げるとともに、九七年に国会に提出された改正男女雇用機会均等法では、職場におけるセクハラの防止が盛り込まれ、事業主の努力義務となったのです。

その結果、「女性たちは、DVなどに対して怒ってもいいと感じ、声を上げやすい環境になってきました」と指摘するのは、全国女性シェルターネット、共同代表北仲千里さんです。九〇年代に自治体が調査を行っても、DVに関する問いだけは、六〇代以降では無回答が多かったのだそうです。たとえそういう経験があっても声を出してはいけないという意識が社会に強くあったからではないかと、北仲さんは推測しています。

ＤＶ防止法の成立

二〇〇一年一〇月に「配偶者からの暴力の防止及び被害者の保護等に関する法律（以下「ＤＶ防止法」）」が施行されるまで、公的な機関はＤＶ被害者の支援には関わってきませんでした。ＤＶ防止法ができ、保護命令が出せるようになり、支援そのものは公的な機関が行うという仕組みが日本にできあがりました。

①ＤＶ防止法の沿革

ＤＶ防止法とは、配偶者からの暴力に関わる通報、相談、保護、自立支援などの体制を整備し、配偶者からの暴力の防止、および配偶者の保護を図ることを目的とする法律です。

二〇〇一年の成立以来数回の改正を経て現在に至っています。ここでいう配偶者とは、男女を問いません。また、事実婚や離婚後も引き続き暴力を受けている場合も含みます。暴力とは、ただ単に身体への暴力だけでなく、精神的な暴力（心身に有害な影響を及ぼす言動）なども含みます。さらには、交際相手からの暴力についてもこの法律が準用されます。

法律では以下のことが定められています。

①国および地方公共団体は配偶者から暴力を受けた被害者に対して、被害者の自立を支援するために適切な措置をとらなければなりません。
②各都道府県は、配偶者暴力の相談を受けたり支援したりするための施設を設置しなければなりません。それを受けて、全国各地には配偶者暴力支援センターが設置されています。
③婦人相談所は、各都道府県に必ず一つ設置されていて、保護を要すると判断された場合は、DVシェルターなどで保護してもらえます。

暴力によって生命または身体に危害を加える恐れのある場合は、被害者からの申し立てにより裁判所は保護命令を出すことができます。保護命令には、接近禁止命令（期間は六ヶ月）、退去命令（被害者とともに住む住居から退去すること）（期間は二ヶ月）、被害者の子、または親族等への接近禁止命令（期間は六ヶ月）、電話等の禁止命令（期間は六ヶ月）などがあり、違反すれば、一年以下の懲役または一〇〇万円以下の罰金が科されます。ただし、裁判所が保護命令を出せる場合は、身体的な暴力を受けた場合に限ります。

配偶者からの暴力を受けている人を発見した場合は、配偶者暴力相談支援センターや警察に通報するよう努めなければなりません（ただし、被害者本人の意思は尊重されます）。警察はDV被害者から相談を受けた時は配偶者の検挙、指導・警告、自衛・対応策について情報提供などを行う必要があります。配偶者暴力相談支援センターや警察、福祉事務所などの各機関は、ＤＶ被害者援助のために連携して対応しなければなりません。

全国女性シェルターネット

一九九五年に北京で開かれた国連の世界女性会議に日本から参加した女性たちは、帰国後各地にシェルターを開設しました。一九九八年には、各地のＤＶサポートシェルターの民間団体のネットワークが設立され、札幌で第一回のシェルターネットワーク会議が開かれました。二〇〇五年には法人格を取得し、現在、加盟団体は六一団体にのぼります。

結成後は毎年「全国シェルターシンポジウム」が開催され、行政関係者、医療関係者、司法関係者、ジェンダー研究者、支援企業関係者が一堂に会し、女性に対する暴力の根絶に向けた議論を積み重ねています。

二〇〇一年のＤＶ防止法の成立とその後の数回の改正には、全国女性シェルターネットが大きな役割を果たし、被害者の実態により即した法律になるためのロビー活動を続けてきました。全国女性シェルターネットの共同代表北仲千里さんに今までの活動や日本が抱えるＤＶ被害者支援の課題についてうかがいました。

―DVの被害者支援にシェルターネットがどのような役割を果たしてきたのかを教えてください。

DVの支援は基本的には全て公的な機関によって行うという政策の枠組みになっています。しかし、その支援は不十分なものなのです。諸外国のように国や地方自治体から委託を受けて支援事業をやっているわけではなくて、民間シェルターが支援を担っている中心にいるわけではないので、規模としても小さく、予算があるわけでもありません。ただ、公的な機関が社会発信をほぼしない。シェルターネットのみが発言しているので、メディアの取材が多いです。インターネットでも探しやすい。制度の外にある民間なのに目立っています(笑)。

―全国女性シェルターネットはどのように発展してきたのですか。

最初の一〇年は、主に毎年一回それぞれの地域で後援や協賛をしてもらって、支援者が一堂に集まり、開催地の市長が挨拶をし、各省庁の関係者やジェンダー問題の研究者がきて、DV被害者の支援の実態について報告し、最後に主催支援団体が大会アピールを採択する。DV問題への社会の関心を拡げる。そんな活動をしてきました。新聞記者も来て記事を書いてくれました。

―DV法の改正にも大きな役割を果たした？

ロビー活動をして被害者や被害者を支援している現場の声を議員に伝えることでDV法の改正には大きな役割を果たしました。特に当時の全国女性シェルターネットの代表の近藤恵子さん、同じく事務局長の遠藤智子さん、また、多摩でDVを考える会の土方聖子さんの三人の力が大きかったと思います。この法律は超党派の議員立法として成立したものですが、その議員たちにロビー活動をし、官僚を巻き込んだ集会を開催する中で、被害者の視点に立った法律の改正を実現させています。

また、シェルターネットの活動は主に団塊の世代によって担われていたのですが、団塊の世代の高齢化とともに、世代交代が必要になってきています。年一度のシンポジウムの開催に加え、自分達だけが知っている現場の現状をまとめて知らせる必要があるのではないかということになり、現場で抱えている問題を整理し、厚労省・内閣府などにも要請するなど、少しずつ活動の幅を広げていきました。

シェルターネットは、支援者間の交流と政策提言をするのが主な活動だったのですが、フェーズが変わったのが二〇一九年一月二四日に起きた野田事件です。継続的な虐待によって当時小学四年生の女児が亡くなった事件です。当初は父親から暴力を受けていた母親が加害者として報道されました。これに対し、我々がこれはＤＶだということで声明文を出したところ、これがすごい勢いで広がった。このころから皆がＳＮＳで発信したりツイートしたりするようになりました。今までとは違う人たちが私たちの活動に関心を持ってくれるようになりました。私たちもソーシャルメディアを活用することの重要性に気づき、情報発信力を強化していきました（今でもまだ不十分ですが）。

―以下の声明文を見るとＤＶの恐ろしさとともにその本質を理解することの重要性がよくわかりますね。

千葉県野田市ＤＶ・虐待事件に関する声明　（抜粋）

特定非営利活動法人全国女性シェルターネット

一、この事件は典型的なＤＶ犯罪です。

ＤＶという暴力支配のある家庭では、直接・間接を問わず、家族全てが暴力支配にさら

されます。特に、子どもの被害影響には深刻なものがあります。「DV家庭には虐待あり、虐待の陰にはDVあり」。DVと虐待をひとつながりのものと捉え、女性と子どもを連動して守る支援システムが必要です。

一、DV被害の渦中にある当事者が、どのような心身の状況にあるかを理解する必要があります。

DV被害は、別居や離婚など、支配の関係が変化する時に、最も過酷で危険な状況になることが知られています。容疑者と妻は、一度離婚した後、再婚しています。以前にも増して、DV支配が過酷になっていたことが容易に推察されます。DV加害者は、妻が最も大切にする子どもを痛めつけることで、支配と拘束を強めていきます。こうして、妻は子どもの虐待を止めるどころか、加害者の手足となって子どもを監視せざるを得ない状況におかれるのです。

母親なのだから命に代えても子どもを守るべきだという神話は通用しません。暴力支配下にある母親が子どもを守ることは至難の業なのです。

一、糸満市、野田市の関係機関は、DV虐待事案としての緊急対応を含む連携をとるべきでした。

糸満市と野田市双方の関係機関、学校、教育委員会、児童相談所、警察、市役所、医療

機関等は、ＤＶ被害に気がついていたにも関わらず、それぞれの立場からばらばらの対応をしたことによって、母親と子ども双方の支援を実現することができませんでした。連携の欠如が、子どもの命を奪ったのです。これらの機関が、必死に助けを求める子どもや女性の声を封じてしまいました。その責任は重大です。暴力の現場から、まず、被害当事者を安全な場所に保護することが何をさておいても命を守るための優先課題です。

親族からの訴えがあった時、糸満市はＤＶ被害者としての母親に対して、迅速に支援を開始すべきでした。同時に、子どもたちの安全を確保すべきだったのです。

国は、ＤＶ虐待事案への連携対応マニュアルを作成し、周知・徹底するとともに、継続的な職員研修を実施する義務があります。

一、少女の母親は、まず、保護されるべきＤＶ被害当事者であり、決して逮捕されるべき容疑者などではありません。加害者による全人格的な支配の下で服従するしかなかった被害者が、一方的に非難されることがあってはなりません。

一、私たちは、今こそ国が、ＤＶ・虐待の根絶に向けて、ＤＶと虐待を一体のものとして対応する支援システムの整備と、ＤＶ防止法の改正を含む抜本的な制度改善への着手を強く求めます。

もう一つフェーズが変わったのが二〇一一年三月の東日本大震災です。ちょうどその前の時期に内閣府がＤＶ性暴力被害者のためのパープルダイヤルというフリーダイヤルの電話相談を初めて七週間開設したのです。震災時の避難所ではＤＶや性暴力があり、当時の民主党政権だったのですが、社会的包摂という新しいコンセプトで今までの既存の福祉では救えなかった外国人やＬＧＢＴＱなどの人たちに対する相談窓口を作ろうということで動き出した。

東日本大震災が二〇一一年三月。そして、「よりそいホットライン」を開設。被災地の人たちのストレスを聞き、自殺予防に加えて、ＤＶや性暴力被害についても相談を受けつけることになりました。二四時間三六五日無料で電話を受ける「よりそいホットライン」の三番のＤＶ・性暴力ラインにシェルターネットも協力しています。

――実は包摂サポートセンターの遠藤さんにはそのあたりの経緯についてお話をうかがっていました。そして、次の大きなフェーズがコロナ禍で「ＤＶ相談プラス」が開設されたことですね。

そうです。二〇二〇年の四月に開設されました。ここではコロナ予算が使われました。

――シェルターネットでは、コロナ禍での給付金の支給に関しても大きな役割を果たしましたね。

今回給付金は世帯主に支払われるようになりましたが、最初の国の方針では世帯を分離したDV被害者は受け取れますが、そうでない人は受け取ることができないというものでした。同様に虐待で親元を出てきた若い人も受け取れません。そこで、受け取れるようにしてほしいという要望書を出しました。まず、内閣府や総務省が私たちの要望を受けて、DVや虐待、家族親族からの性暴力などで家を出ているのだという人は、別の場所で給付金を受け取れるような措置を行うことになりました。さらに、役所の窓口に行けない人は民間団体が相談を受けていたという確認書を出すことで、それを持っていけば被害者は窓口で給付金が受け取れるようになりました。

――北仲さんは日本のDV被害者への支援についてどのように感じておられましたか。

（DVや虐待などの）社会の関心はものすごく高まっているにもかかわらず、支援の現場がどうなっているかということはほとんど知られていないんですね。支援は、悩み相談のレベルでは終わらないんです。荷物持って一緒に逃げるとか警察に行くとか、どの病院に行けば事情がわかってくれる医師がいるかということを被害者に伝え、どうやって逃げるか、支援計画を一緒に立てる。そして、逃げるタイミングが来た時には、どこに住むか、子どもの学校はどうするか、保険証はどうするかなどを一緒になって考えて、長期にわたって支援することが必要です。DVの加害者は、愛と支配を取り違えていて、相手に執着しているので、逃げる時が一番危険なんですね。それなので（加害者に）場所がわからない秘密のシェルターがあるわけですが、ただ支援は（シェルターに逃げること）にとどまるわけではなく、その後も長期にわたって支援していく必要があるわけですが、日本ではその支援が十分にできていません。

――どういうことですか。

日本は二〇〇一年にDV防止法ができましたが、それによって、DVが定義され、保護命令を出せるようにはなりましたが「配偶者暴力相談支援センター」の建物が新設されたわけではなくて、売春防止法に基づいて各県に作られた「婦人相談所」が、その機能を兼ねることになりました。そもそもスタッフが少ない中で、外出禁止だったり、携帯を取り上げられたりといった規則に縛られ、そこでの滞在は二週間が限度で、そこを出た後のその先の支援はしてもらえません。同じ人が長い間被害者に寄り添って支援することもありません。シェルターを出たら後は自力で生きていくしかないのが現状です。民間の支援もありますが、簡単に探せるようだと加害者にわかってしまうので探すのが難しい。九〇年代に活動を始めた団体が一〇〇以上はあると言われていますが、支援者の高齢化によって活動を休止しているところも出てきています。

―諸外国の状況はどうですか。

他方、世界を見ると、欧米諸国だけではなくてアジアの国も日本の先を行って支援がされています。台湾や韓国、シンガポールは国が民間団体に資金を提供してシェルターを運営しているし、マレーシアは寄付によって活動資金を賄っています。また、イギリスやオランダでは被害者が加害者から身を隠すような支援ではなく、加害者処罰を厳しくすることで被害者が逃げなくてもいい状況が作られています。

日本では被害者が出ていくことが多いですが、他の国では加害者に住んでいる家から出ていくように命じています。また、欧米では支援センターがワンストップ型になっていて、そこに行けば一カ所で長期にわたって支援が受けられるようになっています。つまり、日本は加害者への処罰が甘いので、被害者が隠れなければいけない状況になってしまっているということです。被害者側からの立場に立って支援制度が作られていないということだと思います。

恋人とか夫婦間とは限らず、親子間だったり、兄弟が暴力を振るうということもありますが、そのような家庭内の暴力（ファミリー・バイオレンス）の問題を全て含めて包括的に支援している場所がないのです。

背後には、家庭内のことに公的な機関が口を出すべきではないという考え方がかなりあります。また、ＤＶや性暴力の被害者支援は福祉の分野から除外されています。福祉のカテゴリーに入っている高齢者、障害者、保育、児童福祉などの領域の支援は、社会福祉法人に公的な予算が投下されて運営ができていますが、ＤＶや性暴力はその対象ではないので、予算が付いていません。支援のノウハウを持っている支援員もごくわずかしかいません。これを福祉の事業と位置づける法律がこれまではなく（今回、困難女性支援法が制定され、一年後の施行で少しは変化が生まれる見込み）、事業として経営できてないので、職業として支援員をできる人がいないのです。

ＤＶや性暴力の被害者の支援をするためには、狭い意味での悩みの心理相談・避難などの支援では十分ではなくて、警察とか弁護士だとか裁判の仕組みとかもわかった上で、いろんなところに人脈を作って、つながって支援していく必要があります。

そういうことができるスペシャリストを作っていく必要があるんですね。海外では、それをソーシャルワーカーと呼んでいて、大学で福祉を学んだ人が児童虐待とかＤＶとか性暴力の被害者を支援できるソーシャルワーカーになって公的な機関や民間の機関に雇われています。また、特に少ないのが性暴力の専門家です。トラウマやPTSDの診断、治療ができる人、精神科医が少なく、性暴力の被害の診断ができる産婦人科医も少ないです。裁判の意見書をかける人は日本に数人しかいません。レイプの証拠を正しく採取できたり、性虐待の診断ができる知識を持っているお医者さんも少ないです。専門家の育成が必要だし、「支援者」がそれを仕事にできるようにしたら希望者はたくさんいると思います。そういう人材を育成することが今必要になっていると思います。

（1）https://www.gender.go.jp/policy/no_violence/pdf/20200415_1.pdf
（2）「コロナ禍における自殺の動向に関する分析（緊急レポート）」二〇二〇：https://jscp.or.jp/research/kinkyureport_201021.html
（3）同右
（4）「文藝春秋」二〇二〇年一二月号
（5）連合総研「テレワークに関する調査二〇二〇」二〇二〇年六月

第2章　性暴力被害者支援のために

コロナ下で女性や子どもへの暴力が増加したことは第1章でのべました。家庭内暴力や性暴力被害にあうとPTSD（心的外傷後ストレス障害）を発症しやすく、それが慢性化すると社会生活を送ることが難しくなります。特に被害にあったのが子どもの頃であったり、親からの性暴力にあった場合には発覚が遅くなる傾向があり、その記憶が突然鮮明に蘇るフラッシュバックなどの症状に苦しみ、通学ができなくなってしまったり、対人関係がうまく築けなかったりします。

他方、被害にあってしまった時に、素早い対応ができれば、その後の回復も早くなります。そのためには、被害がわかった段階で児童相談所や警察あるいは病院が連携して情報を共有して素早く対応するとともに、被害者にカウンセリングなどを行うことによって被害者を支援することが大切になります。

このような問題意識の下に、日本で初めて救命救急センターを有した性暴力被害者を救援するためのワンストップセンター「性暴力救援センター　日赤なごやなごみ」が二〇一六年一月に設立されました。

この章では、「性暴力救援センター 日赤なごやなごみ」が設立された背景を、設立に尽力した二人の方のインタビューを紹介するとともに、そこを訪れた被害者の方々との面談の記録から見えてきた性暴力の実態、さらには、今回のコロナ下で開催された女性のための女性による相談会で女性の相談事例から女性が直面している困難について見ていきたいと思います。

1 「性暴力救援センター 日赤なごやなごみ」の設立

「性暴力救援センター 日赤なごやなごみ」(以下なごみ)は、日本福祉大学看護学部教授の長江美代子さんと日本赤十字社愛知医療センター名古屋第二赤十字病院の副院長(当時、現(一社)日本フォレンジックヒューマンケアセンター会長)の片岡笑美子さんが中心となって、二〇一六年一月に開設された性暴力被害者を被害直後から回復まで継続して支援する病院拠点型ワンストップ支援センターです。

日本で初めて救命救急センターを有する性暴力被害者のためのワンストップセンターとして、性暴力にあった被害者ケアの専門知識を持つ看護師及び医療ソーシャルワーカーが中心になって被害者の医療的・心理的・社会的・経済的・法的な相談及びケアに当たっています。

被害にあった直後の急性期に介入し、被害者を支援するワンストップセンター設立の必要性に気づき、名古屋第二赤十字病院に呼びかけ、病院と協力してセンターを設立するきっかけを作った日本福祉大学長江美代子さんと、その設立を実現させた「なごみ」の元センター長片岡笑美子さんに、それを構想した背景や、どのようなプロセスを踏んで、「なごみ」が設立されたのか、「なごみ」誕生までの秘話をうかがいました。

2　長江美代子さんのお話

最初のきっかけは、アメリカ留学時に遡ります。看護学部の大学院に留学している時に、学部の授業で暴力の構造について学びました。その授業では、高齢者の虐待や子どもの虐待と同時に夫婦間や親しい関係の間に見られる暴力についても触れられていました。その授業を聞いた時に、当時おつきあいしていた人に自分はＤＶをされていたことに気づいたんです。まだ日本でＤＶという言葉があまり使われていなかった時代でした。アメリカと日本は文化も女性の地位も、女性の扱いも異なるのですが、アメリカ社会の中でＤＶの問題がテキストに書かれ、体系的に教えられていたのです。ハッとしました。暴力という眼鏡をかけたら見えました。これは自分のことだ。自分はＤＶ被害者なのだと。ＤＶに関する情報があれば、自分は青春の一番いい時期を無駄にしないで済んだのではないか。そのことに思い至ったら、悔しくて涙が止まりませんでした。その経験が元になって博士論文は日本のＤＶに関する問題について書くことにしました。最初は日本でインタビューに応じてくれる人が少なくて苦労しましたが、女性相談所を紹介していただき、そこで（ＤＶ被害者の方から）お話を聞くことができました。インタビューの後に、インタビューに応じてくれた方から、自分が体験したことをきちんと順序を追って話したことは初めてで、自分の中での整理ができました、と言ってもらえて、少し自信がつきました。（被害者の方は）話がしたくないわけではないんだと納得できました。その話が伝わり、その後はインタビューをさせてくださる方が増え、論文の執筆もできるようになりました。親の介護もあって帰国せざるを得なくなり、日本の大学に就職したりして、結局、日本とアメリカを行き来しながら論文を書くことになりました。

暴力の世代連鎖

そうこうしているうちに、二〇〇七年に三重県でＮＰＯ法人「女性と子どものヘルプラインＭＩＥ」が立ち上がり、そこの理事になり、月に一回グループカウンセリングをしたり、講座を開いたりしました。そこでお母さんたちから話を聞いていると、子どもが様々な問題を抱えていることがわかりました。学校でいじめにあっていたり、発達障害と診断されたりしている。

そんなお母さんたちから子育てについて教えてほしいと言われて、子育てのスキルを教えてもいま一つ手ごたえがないのです。そんなある日、ある一人のお母さんが講座を早退する時に、とても辛そうに「子どもが可愛くないんです」と私に囁いたのです。ハッとしました。DVを受けている家庭で子育てをしているお母さんは、DVがない家庭のお母さんとは全然違う辛さを抱えているのではないかと。

ドゥーラ（Doula）とは妊産婦の周産期（出産前・出産中・産後）によりそう非専門家のことを言いますが、その期間の不安が少なく安心して過ごし、お産の経験が充実した良い経験になることが、その後の親子関係をよくすると言われています。多くのお母さんたちはお産の体験を語ることで自分自身がエンパワーされていたのです。

そこで、（DVを受けているお母さんたちに）妊娠してから出産までの（周産期の）経験を話してもらいました。そうしたら、DV被害者のお母さんたちのお産の記憶はとても悲惨なものでした。

DV被害者のお母さんたちは、どうやったら夫に殴られずにすむのかと、頭の九割が夫のことで占められているから、自分の感情とか自分の考えとかはどこかにしまい込んでしまうので、自分が子どもを産んでいる最中の記憶がないのです。加害者は被害者に近い人を自分から遠ざける傾向があるので、自分の母親にも助けに来てもらえないのです。常にストレスにさらされているのでDV被害者の子どもは低体重で生まれやすく、健康問題を抱えやすいという実証結果が出されています。

子育てにも自信を失っていました。夫に外に働きにいかされて、お金を家に入れさせられるだけでなく、子育ても奪われる。そして、最終的には耐えられなくなって逃げてくるということが起きていました。

（この分野がご専門の）武蔵野大学の小西聖子先生は、すべての問題を解決することはできないけれど、ＰＴＳＤを治療することで、社会復帰を助けることはできるとおっしゃっていて、武蔵野大学に行って、その手助けのためのセラピーの研修も受けました。

「街角のメンタルヘルス」の立ち上げ

そして、二〇一一年二月に「街角のメンタルヘルス」と称する悩み相談所を名古屋市で開設しました。この相談所は、日常生活などでの仔細な問題の相談などを受けつける窓口を設け、個人の抱える問題を整理し、適切な窓口につないだり、解決方法を一緒に考えたりして、希死念慮（自殺願望）を抱く以前の、より早い段階で介入して支援することを目的としています（自殺予防のアウトリーチ）。

費用は、文部科学省の科学研究費から賄いました。自分の診療所を五時以降なら使ってもいいという先生にオフィスを借りました。結構人が来ました。三分の一は暴力がらみ、三分の一が身体的な問題、三分の一が精神的な問題を抱えた人でした。

慢性的な自殺念慮

相談者たちは自分の人生を立て直したいという漠然とした訴えをするのですが、深い孤独感に苛まされ、自分を責め、不安で、無力感や絶望感を抱くとともに慢性的な自殺念慮（自殺願望）がありました。それを思い止まらせているのが、しがらみでした。ＰＴＳＤや不安やうつなどの症状は、暴力を受けた被害者には共通に見られました。

ＤＶ支援には複雑性ＰＴＳＤの理解が不可欠

ＰＴＳＤの特徴的な症状の一つがトラウマ記憶と呼ばれるものです。トラウマによって、物事の意味の解釈や問題解決への認知反応が歪められるために集中が困難となり、社会生活がうまく営めないのです。そのような障害を抱えながら働かなければならないから、仕事も長く続かない。自分が何に困っているのかを言語化できないので窓口で自分の問題が伝えられないし、相手の話を正しく解釈できないために、支援にもつながりにくい状況になっていたのです。

さらに、子どもはＤＶ家庭にいる時はいい子でいるけれど、そこから出ると問題を起こす。

それらの一つ一つの問題を丁寧に洗い出して治療をしていくことが必要なのですが、そういうことをやっている人が日本にはいない。そこで自分がやろうと考えました。

子ども時代の性暴力が生涯に与える深刻な影響

五歳から八歳の間に父親や兄、義父などから性暴力被害を受けると、それが日々繰り返されるので学校に行っても昼間眠くて集中できなくなり、学力が身につきません。だんだん不登校になり、非行に走ることになります。

また、性暴力被害を受けるとフラッシュバック（強いトラウマ体験を受けた場合に、後になってその記憶が突然鮮明に思い出される現象）、無意識に刺激を避ける、覚醒亢進（いつも戦闘態勢）、認知のゆがみ、パニック障害、不信感、自律神経失調病状、苛立ち、キレる、などのPTSD症状に苦しみます。再被害にあうこともあり、家を出ます。しかし、バイトなど低収入の仕事しかなく、そこでも再被害にあったり、集団レイプされて妊娠・中絶をしたりするケースも多く見られます。そして、結婚してもDV被害を受け、子どもは虐待され、耐えきれずに家を出ても低収入で貧困の罠にはまり、それがさらに子どもに連鎖するという負のサイクルから抜け出せなくなってしまうのです（図2−1）。

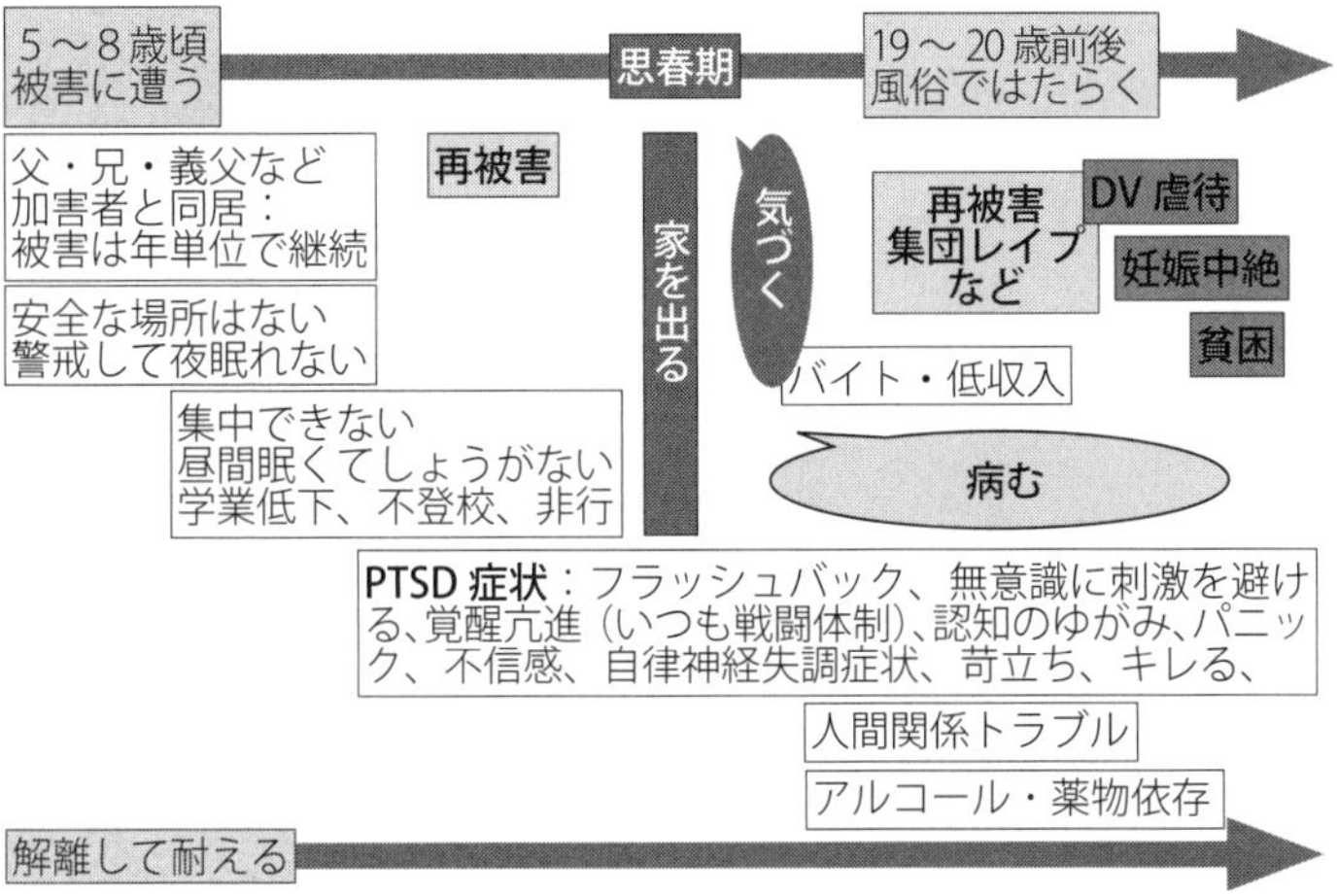

図2-1　幼少期の性被害の予後（出典：長江 2019：36-41）

性被害に気づく

街角のメンタルヘルスと同時に三重県のＮＰＯ法人「女性と子どものヘルプラインＭＩＥ」でもカウンセリングをやっていたのですが、そこにある日子どもが性暴力被害にあっているお母さんが訪ねてきました。

「主人はすごく、もう本当に一〇〇％の愛情を注いでいました。それだけが……。お風呂に毎日入れてくれて……。何もしない夫がお風呂だけは定期的に入れてくれていました。わざわざパチンコから帰ってきて。う～ん一時間くらいかけていました……」。

しかし実際には子どもに性暴力を振るっていたのです。長期に性暴力による被害が発覚されずにいたために、子どもは心理テストも途中で中退するほどのトラウマを抱えていました。調停で、父親が面会するたびに症状が悪化し治療を続けています。この経験が大きな気づきを与えてくれました。

急性期介入の重要性に気づく

慢性の複雑性ＰＴＳＤの患者さんをケアしているうちに「相談に乗ってＰＴＳＤのケアに当たっているだけではダメだ。これでは焼け石に水だ。被害にあった直後から介入する急性期の治療をやらなければダメだ」と強く思うようになりました。一人ではできない。どうしたらいいのか。様々なセラピーの手法を身につけると同時に、愛知県内のワンストップセンターを調べたのです。

二〇一二年九月から日本赤十字社愛知医療センター名古屋第二病院（旧名古屋第二赤十字病院）に非常勤のリエゾンナース（精神看護専門看護師）として月に一回、看護師さんのサポートをしていました。そこで当時の副院長で看護部長を兼務していた片岡笑美子さんに出会います。二〇一三年に片岡さんに電話をし、翌年の一月看護師長さんを対象に「暴力の構造とアセスメントの視点の中で」というタイトルの講演を行いました。加害者が相手を追い詰める構造があり、それについて話をしたのですが、その深刻さを看護師さんたちはわかってくれました。

同時に愛知県の医科大学の産婦人科医師とディスカッションをしたり新聞社を回ったり、愛知県警を訪ねたりしました。

そんな働きかけをしていく中で、病院の人の目に触れるところで何かやろうと考え、小西聖子先生の講演会を企画しました。その時はすでに新聞社や医師会などを回っていたので一〇〇人以上の人が講演会にきてくれました。

その時に講演会に出席した片岡さんは、子どもが実の親から性暴力を受けている実態を知り、病院にできることがあるはずだという使命感が生まれたと述べています。講演会の後のアンケートの結果では、参加者のほとんどが、性暴力被害者支援のためのワンストップシステムが必要であり、そのための性暴力被害者支援看護職（SANE：Sexual Assault nurse examiner）（1）が必要だと回答していました。さらに、それは「二四時間体制の総合・救急指定病院」「アクセスしやすい都心部にあり」「紛れて人目につかない大きな病院」「二四時間アクセスでき」「産婦人科がある」場所に設置してほしいと書かれていました。具体的に名古屋第二赤十字病院が候補として上げられていました。

小西先生の講演とアンケート調査の結果から、性暴力被害に対する急性期介入ができ、医療・司法・行政につながっているワンストップセンター「なごみ」を設置し、名古屋第二赤十字病院がその拠点病院になるという構想がより具体的な姿となって現れてきたのです。

その講演を聴き、子どもが性暴力被害を受けていることの事実に驚愕し、何とかしなければと使命感を持った片岡看護部長ですが、そうは言ってもどうしたらいいのだろうと内心大きな不安を抱えながらも、開設のための準備に向けてのスタートを切ります。以下は、そこから二〇一六年一月五日に名古屋第二赤十字病院に性暴力被害者のための病院ワンストップ支援センター日赤なごや「なごみ」の開設を実現させた片岡笑美子初代なごみセンター長のお話です。

3　片岡笑美子さんのお話

長江さんは二〇一二年からリエゾンナースとして名古屋第二赤十字病院（現日本赤十字社愛知医療センター名古屋第二病院）に非常勤で勤務していました。看護職員のメンタルサポートをしていただき、また、看護師長さんたちを対象にした「暴力の構造とアセスメントの視点の中で」という勉強会を開催していただきました。暴力が連鎖して次の世代に引き継がれることを知り、看護職につくものとしてそれにどう対応していったらいいのかということを考えるきっかけとなりました。二〇一四年に長江さんから「性暴力の講演会を開催するから会場を貸してほしい」と言われ、会場をお貸ししました。その時に講演されたのが「性暴力救援センター大阪SACHICO」の加藤治子先生（産婦人科の先生）、武蔵野大学の小西聖子先生、茨木県立医療大学の加納尚美先生です。子どもの被害が多い。実の親から被害を受けている。その事実に驚愕しました。自分の想像の範囲を超えていたのです。なんとかしなければ……。また、性暴力被害を受けた場合、対応が早ければ早いほどいいという急性期対応の重要性を知り、治療につなげていかなければいけないし、特に病院だからこそできることがあると思いました。また、加藤先生による講演と加納先生の講演で、性暴力被害者支援看護師（SANE）の存在を知り、だんだんイメージが湧いてきたのです。病院は二四時間対応可能で、早期介入ができる看護職の力を活かせるとも思ったのですが、正直言って気が重かったです。自分たちがどこまで対応できるのだろうかと思いました。

そんな時に長江さんに誘われて二〇一四年五月に長江さんと弁護士さんと救急の師長さんと一緒に大阪SACHICOを見学に行き、実際の現場を見て来ました。この時のことを加藤治子先生は「なごみ五周年記念誌」への寄稿文で「私の話を熱心に聞いてくださいましたが、皆さんは何故か言葉少なく、一貫して硬い表情だったのを覚えています。特に、当時副院長で看護部長の片岡さん（初代なごみセンター長）の、困ったような、途方に暮れたような表情を忘れられません。恐らく、これから取り組もうとしていることの大変さをあらためて自覚されたからだと私は思っています。」と書かれています。

しかし、片岡さんはSACHICOを見学したことで、視界がひらけたと言います。現場に行くと実現させるためのプロセスを話してくれる。SACHICOは産婦人科の加藤治子先生が中心になって、アドボケーター（被害者の支援者）の方と一緒にやっている。こちらは性暴力被害者支援看護師を中心にやればいいのではないかと、具体的なイメージが湧いてきたのだそうです。また、SACHICOを見学した時に、一般の診療室とは全然違う部屋で対応していました。それが大切だと知ったことも有益で、参考になりました。病院の中の建築委員会に入っていて、配置はよく知っていたので、具体的にどの場所が確保できるかを施設課と相談し、確認しました。

一方、長江さんは二〇一四年から初回の性暴力被害者支援看護師の養成講座を実施してくださり、二〇一五年に日赤の看護師を募集し、一五名の看護師が受講しました。

また、大阪SACHICOの加藤治子先生からは、国が二〇一〇年の第三次男女共同参画基本計画と二〇一一年の三月に策定された第二次犯罪被害者等基本計画に基づく、性犯罪被害者のためのワンストップ支援センターの設立とその促進を進めていることを教えていただきました。

加藤先生は、二〇一二年三月内閣府犯罪被害者等施策推進室が「性犯罪・性暴力被害者のためのワンストップ支援センター開設・運営の手引き」を作成した際の委員のお一人で、病院拠点型センターの必要性を感じておられました。

ワンストップセンター開設を幹部会にて決定

片岡さんたちは、二〇一四年一二月に開かれた幹部会で病院内に性暴力被害者のためのワンストップセンターを設置することを提案し、全員一致で開設を決定します。「わたしたちは苦しんでいる人を救いたいという思いを結集し、いかなる状況下でも、人間のいのちと健康、尊厳を守ります」という日本赤十字社の使命に合致していることがその決定を後押ししたのです。片岡さんは、当時の院長の石川先生も現在の院長の佐藤先生も、海外で起きた災害救援に携わる経験をされ、災害時に性暴力が発生しやすいことを知っている。また、東日本大震災の時にも避難所や仮設住宅の中で性暴力があったことなどをご存じで、被害者に寄り添いケアすることは災害時における心のケアと同じと考えられたのです。前院長の石川先生は、（小西先生の）講演を一緒に聴いているので日本の事情についてもご存知でした。

とはいうものの、院内では批判が出ました。これ以上仕事を増やすのか。センターを設置するには、産婦人科の先生と救急の先生が要なのですが、救命救急センターはすごく忙しい。救急外来は命を最優先にするのでどうしても、今危ない人が優先になります。しかしそれだけでなく、医療の中で虐待とか性暴力ということに対してあまり習って来ていないので、理解が不十分であることも大きいです。理解が十分ではないと、かける言葉も、結局何でそれを拒否できなかったのとか、なんでこんな状況になったの、とか被害者を責め、被害者をさらに苦しめてしまうこと（二次被害）が起こりやすいのです。性暴力被害への理解を深めることが重要なのです。

準備委員会の立ち上げ

開設の方針が決定してからは、二〇一五年二月、内閣府の性犯罪被害者等のための総合支援モデル事業に応募するために長江さんと行政や警察に挨拶に行き、二〇一五年二月二六日に内閣府の性犯罪被害者等のための総合支援モデル事業に応募し、採択されました。

そこで院外の急性期支援ができる司法・行政各機関と連携するための「性暴力救援ネットワーク準備委員会」と院内の「ワンストップ拠点病院プロジェクト」を立ち上げ、性暴力救援センター日赤なごや「なごみ」の開設の準備に向けてスタートを切ったのです。

人づくりのための環境づくり

二〇一五年六月からは広報活動を行いました。院内の理解を得るために管理会議や業務連絡会議、（看護師の）師長会議でも説明を行い、性暴力に関する理解を深めるためにＳＡＣＨＩＣＯの加藤治子先生に来ていただき勉強会をしました。他職種や産婦人科医の先生方が積極的に参加をしてくださいました。この勉強会に参加したお一人の名古屋第二赤十字病院の産婦人科部長でなごみ副センター長の加藤紀子先生は、この勉強会で「診療法や考え方」を学び大変勉強になったと述べています。

同時に支援員の養成を行い、面接の結果、二〇名に決定し、性暴力被害者支援看護職は外部職員三名を含んだ二一名が集まり、それぞれ四時間、八時間、一二時間勤務として、常時二四時間体制を整え、日本で初めての救命救急センターを有する急性期（対応）病院で、性暴力被害者支援看護職が中心になって運営されているワンストップ支援センターが誕生したのです。

設立の鍵を握った要因

以上に述べてきたように二〇一四年三月二日に片岡さんが小西聖子先生の講演を聴き、子どもの性被害が多いことに驚愕し、何とかしなければと、被害者への急性期介入の重要性を痛感してから、約三年後の二〇一六年一月五日に性暴力救援センター日赤なごやなごみは開設されました。成功の秘訣は何だったのでしょうか。

システム作りの重要性

片岡さんは、一人の人間が使命感を持って実現できることには限りがあり、システムを整えることの重要性を指摘します。システムを整えないと事業は継続されないので、そのシステム作りにこだわったこと。また、そのための人づくりがとても重要だと述べています。

また、被害者支援には、緊急医療支援、心理的支援、法的支援、生活支援が必要で、そのために多機関多職種との連携が不可欠であり、外部の人たちと連携するための準備委員会を作ると同時に、院内の体制を整備するためのプロジェクトを設置し、この二つの委員会を機動させたことが全体のシステム作りに寄与したと考えています。病院も場所や内装費用などを提供してくれたことに加えて、交付金によって性暴力被害者支援看護師などの支援員の養成にお金が使えたことも大きかったそうです。

他方、ＳＡＣＨＩＣＯの加藤治子先生は「当時の院長の石川先生と片岡副院長が、性暴力に病院として取り組むことの意義と必要性を認識していたこと・・・・そしてその思いを後押しし、実践する看護スタッフの存在のもと、産婦人科の加藤医師の協力を得、被害者診療を産婦人科救急医療と位置づけ、研修を受けた看護師を「性暴力被害者支援看護師」として救急外来の勤務に組み込み、養成した外部の支援員を有償で配備し、専任の医療ソーシャルワーカー（ＭＳＷ）を常駐させてコーディネートする……このようなごみの活動を作り上げることができたのは、この病院、この人たちだったからこそだと思います」と述べています。

しかし、今後センターが継続するためには「国及び自治体からの強力な財政的支援がなければ、活動の継続は困難になるのではないかと思います」と加藤先生は国の財政的な支援の重要性を指摘しています。

片岡さんを動かした原動力

なごみ開設にこぎつけた片岡さんのリーダーシップの源はどこからきているのでしょうか。片岡さんは、子どもの安全を守らなきゃいけない、という使命感とともに、自分はフェミニストではないが、女性がしいたげられているのを見ると我慢できない性分であることも大きいと言います。「看護職は女性が多い。日本は男性優位社会にも関わらず、男性はそれに気づいていない。医師と看護師の職種間の差を当たり前に思っている。でも看護師は常に医師の指示のもとで働くわけではなく、患者さんの日常生活や療養上の世話という仕事は看護師の独占領域で、そこに関しては医師の指示はいらない。性暴力被害者支援看護師は、直接被害者にアプローチして、事態をアセスメントしてどうしたらいいのかを考える職業で、自分たちが考えて判断し、看護師の力が発揮できる。看護職の仕事として非常に意義があると思った」とのことです。

また、病院にはDVで怪我をした人や虐待を受けた子ども達、あるいは性暴力を受けた患者さんがきており、それらの受け皿に病院がなる必要があると考えていたところ、小西先生の講演で、被害者への急性期介入が重要で、対応は早ければ早いほどいいと聞き、自分の思いと、病院がやるべきことがピタッと一致したのだそうです。それがたまたま、救命救急センターでこういうことをやるのが日本で初めてというところにつながったのだそうです。

片岡さんは「「なごみ」だけでなく、いろんな病院で、看護師さんが性暴力の知識をしっかり持って性暴力被害者に対応できるシステムができればいいと思っています。女性相談や児童相談をするところはたくさんあります。でも被害者をどう支援していいのかわからないのが今の日本の現状です。リプロダクティブヘルスとライツ。女性が自分のからだを自分で管理していくことが重要で、看護師はそれを伝えたり支援したりすることが重要だと考えています。でも、なかなか医学界は性暴力への理解がないので課題はたくさんあります。

ただ被害にあった女性が辛く苦しい中で声を上げるようになっています。声をあげなければわからなかったことや発言していくということで政策を変えていく力になっています。また、データを集めて公表していくことで、本当にこんなにあるの？　といった実態を知ってもらうことも重要ですね」と続けました。

性暴力被害者支援の課題

「もっと地域の中で急性期に対応できるようになる必要があります。そのためには、病院拠点型のワンストップ支援センターが全国に設置されることが重要ですが、性暴力被害に精通し、支援できる人材は十分ではありません。性暴力被害者支援看護職をはじめ多職種多機関のコーディネートができるソーシャルワーカー、医師や心理支援に関わる人材はとても重要なのですが、そういう人がいる機関や病院はまだまだ少ない。また、支援者が一人で、被害者に寄り添って最初から最後までできるようにはなっていません。そのため、支援が中断することもあります。イギリスで認められている資格の一つで被害者の気持ちを中心に据えた刑事司法プロセスの支援を行う「イスバ（ＩＳＶＡ：Independent Sexual Violence Adviser）」も必要だと思います。

そして、何よりも重要なのが、社会の意識を変えること。「被害にあったのは被害者に落ち度があったから」という考え方が根強くある。その結果、声をあげた被害者が二次被害にあうので、被害者が声を上げづらい雰囲気が作られてしまう。社会の理解を進め、そういう風潮を変えるための広報活動が何よりも必要になっていると思います」。

4　なごみの活動からわかったこと

「なごみ」では、性暴力被害発生の七二時間以内であれば、被害者への影響を大きく軽減できるという急性期モデルの実証結果を踏まえて、被害発生から七二時間以内であれば、昼夜を問わずすぐに来所を促し緊急医療支援を行い、心理支援や法的支援、生活支援につなげる体制を整備しています。

開設後の五年三ヶ月で一四七三名の相談者があり、そのうちの六九三名が来所しています。来所者の四九・六％（三四四名）は被害発生から七二時間以内で来所し、診察、検体採取、緊急避妊薬、性感染症検査等を受けています。残りの半数は症状が継続しＰＴＳＤ症状へ移行した方、妊娠や中絶相談、数年以上ＰＴＳＤ症状を抱えている方です。被害後時間が経過するほど、身体的な不調を抱える割合も増えます。また、被害によってＰＴＳＤを発症し、身体的な不調が見られても、過去の嫌な記憶を封印している場合には、その原因がわからず、さまざまな専門医をたらい回しにされて、時間を無駄にしてしまうこともあります。

来所者の二七・四％（一九〇名）は一八歳未満であり、被害は強制性交、強制わいせつ、性虐待で、それらは幼少時より始まっていました。しかし、加害者の八六％が顔見知りであることから、七二時間以内の来所は三四・二％に下がり発覚が遅くなる傾向が見られるとのことです。

今回は、二〇一九年一月一日より二〇二〇年一二月三一日までの間になごみに実際に来所した性暴力の被害者と、救急外来から依頼があり、なごみが介入した被害者（計三五五名：二〇一九年一七七名、二〇二〇年一七八名）の方々に面談した記録から何が見えてきたのかについて、長江美代子さんと片岡さんにお話をうかがいました。なお性暴力被害者のうちの保育園から大学までの教育機関で就学中の方が一六二名、学卒後現在無業者を含む就業者の方が一九三名となっていて、比率にすると半数弱の方が就学中です。年齢は児童生徒学生が二歳から二二歳、就業者が一八歳から六九歳と、年齢幅が非常に広くなっています。

なお、二〇二〇年初めよりコロナの感染拡大でなごみへの電話や来所人数は半減しました。特に非常事態宣言による感染拡大への危機感で医療機関への受診行動も抑制されたため、相談や来所へブレーキがかかったものの、同時に、休校やテレワークの増大で外とつながれない状況ができ、ＤＶ、虐待、自殺は増加しています。

―加害者はどのような人たちなのですか？

加害者を、親族を含む家族とそれ以外に分けると、加害者が家族である場合は二〇一九年では二九・二％であるのに対して二〇二〇年では三四・一％と増えています。さらに児童・生徒・学生のグループのみで比較すると、二〇一九年は二六・三％であったのに対して二〇二〇年では四三・二％と大幅に増えていることがわかりました。コロナ下でステイホームが推奨された結果、家庭内の性虐待も増えたのではないかと思われます。

性虐待と家庭内暴力とは相互に関連していて、性虐待の三～四割のケースで家庭内暴力が存在しています。ＤＶは暴力が注目されがちですが、背後には、人が人を支配しコントロールするという家庭内の構造があります。支配的な関係性のある家庭で子どもが養育されること自体が問題なのです。

―経済的な要因なども関係しているのでしょうか。

大いにあると思います。親の就労が不安定で経済的に困難な状況にあったり、親が精神疾患を抱えているなどによって、親自身が社会的に孤立していて、誰からもサポートが受けられない場合に虐待が起きてしまったり、子どもが親の性被害にあってしまうのです。

二〇二〇年のなごみ来所者のデータを見ても、家庭内暴力あるいはそれ以外の暴力があったのは児童・生徒・学生で一四・七％、就業者では二割に達しています。未成年の場合には、親からのDVで就業者の場合には配偶者からの暴力と相手は異なりますが、精神的に大きな打撃を受けます。

例えば、被害者が未成年の場合ですが、父親のDVで両親は現在離婚しているのですが、小学生の頃から父親に脅迫され強制性交をさせられて、その後不登校になりました。こういうケースはよくあります。フラッシュバックから男性のいる場所に行けなくなってしまうのです。

先ほど約半数は被害にあってから七二時間以内に来所していると言いましたが、サンプルを児童・生徒・大学生に限定すると、二〇一九年には半数が七二時間以外に来所しているのですが、二〇二〇年では四二・七％に減少しています。


―どうしてですか?


コロナなどが影響して、家族からの被害が増加していることが関係しているのだと思います。

児童・生徒・学生で加害者が家族の場合に来所までの時間が長くなっています。例えば、被害を受けてから一年以上経ってから来所するケースでは、家族からの被害が多いです。

――日本でも離婚件数が増加していますが、家族の変化も影響を与えているのでしょうか？

母親が不在の時に母親の内縁の夫から性被害を受けたといった事例や、母親の不倫相手から被害を受けるといった事例もあります。

テキストマイニングという手法を使って、児童の性被害と発覚時期についての関連を見てみましたが、発覚が遅れている背景には、離婚や複雑な家族関係が見られることが明らかになりました。発覚に一年以上かかっているケースについて見ると、加害者が実父だけでなく、父方の祖父や別れた夫、実の兄や内縁の夫など家族関係も複雑で被害も長く続いている場合が多く、また、その間、不登校になったり、リストカットをしたりと、子どもがＰＴＳＤで苦しんでいる様子がわかります。

従来の日本では、家族や親族が中心になって子どもが養育されてきました。しかし、ここから見られるのは、子どもを扶養することが難しい家庭や社会の介入が必要な家庭が存在し、増えているということだと思います。それらの家庭にいる児童が今社会からの助けを必要としているのです。なごみのように複数の機関が連携することで、急性期対応を速やかに行えば、被害を少しは抑えられるのではないかと考えています。

増加するデジタル性被害

―今回のコロナ下でデジタル性暴力の被害者の電話相談が多く寄せられていると聞きました。なごみではいかがでしょうか。

二〇一九年と二〇二〇年を比較すると、二〇一九年では来所者の一〇％がＳＮＳを通じて加害者と知り合っていましたが、二〇二〇年では一六・九％と増えています。また、児童・生徒・大学生に限定すると、二〇一九年が一三・八％であったのに対して二〇二〇年では二一％に上昇しています。就業者は二〇一九年が七・二％、二〇二〇年は一二・三％と増えてはいますが、割合においてもその増加の程度においても若い人の方が多いですね。

コロナ下で家族が家にいることが増え、もともと家族との関係がよくない（例えば毒親に支配されているような場合で）家に居場所がない若者がＳＮＳを通じて加害者と知り合い、被害を受け、負のサイクルから抜け出せなくなってしまっているのです。

さらに二〇歳をすぎると、お酒に薬を入れられたりすることもあり（デートドラッグ）閉鎖空間の中で被害にあいやすくなっています。

学校の先生が加害者の場合もあり、教員に対するジェンダー教育の徹底や社会全体で性教育をすることの重要性がここから見えてきます。

――性暴力を原因とした身体的な症状としてはどのような症状があるのでしょうか。

性暴力を受けたことによって、フラッシュバック（強いトラウマ体験を受けた場合に、後になってその記憶が突然鮮明に思い出される現象）、リストカットやあるいは消えてしまいたいという希死念慮を抱きます。性被害にあった児童の一割弱は希死念慮（自殺願望）を抱くだけでなく、実際に自殺を企てています。特に加害者が家族だった場合には、発覚が遅れるだけでなく、リストカットやうつ病などの症状が出やすいです。

過去に性被害にあうとPTSDを発症する確率は八割と高くなり、それによって、自尊感情が低下し、一人でいることに不安を抱き、SNSなどを通じて親切にしてくれる人がいると親近感を抱き誘われるままに出かけていって、また性被害にあってしまうことが起きやすいのです。このようなケースを減らすことが重要になっていて、そのためには被害後早期に、カウンセリングを受け治療をすることが何よりも重要になっています。

―被害にあっただけでも精神的なダメージは大きいのに対して、経済的な負担も大変なのではないでしょうか。

児童・生徒・学生では一〇・九%、就業者では一七・七%の被害者が弁護士に依頼しています。警察が介入した場合には、費用は発生しませんが、児童・生徒・学生の一割、就業者の二割弱は自分で費用を負担しています。

また、実際に中絶をした人は一一・五%と一割にのぼり、この費用負担も被害者が支払うことになります。初期中絶（妊娠一一週六日まで）七万円から二〇万円、中期中絶（妊娠一二週から二一週六日まで）三〇万円から五〇万円となり、手術だけでなく入院が必要になります。中期中絶については役所に胎児死亡届を提出し、火葬許可証を発行してもらい、火葬をしてもらう必要があるために別途費用がかかります。

―被害にあったことによる直接の費用負担だけでなく、もし被害にあわなかったら得られたかもしれない様々な便益が得られないわけですから、被害者は生涯にわたって費用を払い続ける必要があるということになりますね。

性被害にあった児童・生徒・学生の一四・四％は不登校になっています。また、就業者では不登校の経験がある人が七・三％となっており、被害から長い時間が経過し、精神的にも肉体的にも限界に達してから来所する被害者の場合、すでに過去の経験から不登校になっている実態が見えてきます。

学校に行けなければ、安定した職に就くことも難しく、生涯貧困に苦しむことになります。また、学卒後に性被害にあった場合には、退職や休職をせざるを得なくなるケースが少なからずあります。九・四％の人は退職していますし、休職した人も五・二％います。つまり、五人に一人は、経済的にも大きなコスト（犠牲）を強いられることになるのです。こう見てくると、性暴力は個人の一生に深い傷を残すだけでなく、社会にとっても大きな損失であることがわかります。

5　女性のための女性による相談会

コロナ下では、弁護士や市民団体、労働組合、ジャーナリストなど有志の女性約六〇名の呼びかけで「女性のための女性による相談会」実行委員会が設立され、第一回は二〇二一年三月一三日と一四日、第二回は七月一一日と一二日、第三回は一二月二五日と二六日、第四回は翌年の一月八日と九日に実施されています。

第二回の相談会のあとに、実行委員会と「東京の第二弁護士会」が共催で「女性のための生活、仕事、子育て、なんでも相談会」報告集会が、二〇二一年九月にオンラインで開催され、その相談会の内容についての報告がありました。

第二回の「女性による女性のための相談会」

リーマン・ショックでは、日比谷公園に派遣村が設営され、その場で食料が提供され、仕事を失った派遣労働者の住宅の確保や生活保護申請の手続きなどの支援がされました。

二〇二一年七月に実施された第二回の「女性による女性のための相談会」はそれと比べると、よりきめ細かく、かつ相談者のプライバシーに配慮されたものになっています。

この相談会では、実施日の一〇日ほど前から、実行委員会と第二弁護士会の有志が夕方から夜にかけて秋葉原、新宿、池袋、上野などのネットカフェ、二四時間託児所、シェアハウス、コンビニなどを回ってチラシを貼るだけでなく、TwitterやSNSを通じて相談会についての情報を発信して相談会の告知をしています。チラシを置かせてもらう際も、第二弁護士会主催や東京都の後援があることによって協力が得やすかったそうです。

また、感染症対策とともに、マスコミ対応は相談会場とは別会場で実施することで、相談者のプライバシーの確保にも気を配っています。さらに、母親の相談時間が長くなることを想定して、キッズスペースを設けた結果、おもちゃや絵本を読むのが楽しくて帰りたくないという子どもや、保護者から子育ての相談を受けるなど、キッズスペースがあってよかったという声や、子どもを預けることができたことで、相談に集中できたという感想もあり、きめ細かい配慮をした結果、相談者から来てよかったといった感想が寄せられるとともに、いずれは自分が相談を受ける側になりたいといった前向きな言葉も聞かれたと言います。

相談会では会場受付で配布した相談表に基づいて二人のコーディネーターが相談スタッフを割り振り、相談ブースで話を聞くという流れで進行しています。相談スタッフは、弁護士一名に対して臨床心理士・公認心理師、看護師、保育士、女性専門相談員、DV専門相談員に加えて、必要に応じて不動産業者なども含めた専門が異なる二名体制で行われています。なお、相談担当者は事前に、相談接遇、生活保護を含めた公的支援制度、DV対応、性自認や性的志向に関する研修を受けて傾聴に徹するなど、相談に当たっての心がけや知識を身につけてから参加しています。

特筆すべきは、全国の農民連会員へ呼びかけた結果、会場にはお米、野菜、花、味噌や醤油などが提供されただけでなく、生理用品などの生活用品に加えて、衣料品が提供されたことです。また、企業面接では手持ちの私服で黒ポロシャツと黒いパンツに黒い靴を履いてくるように指定する企業が多いことから、黒の私服がなくて面接に行けない相談者のために会場にそれらの服装を用意しています。

ちなみに相談会場で最も喜ばれたのが花だったそうです。会場に飾られている花が相談者の心を和ませていたとの報告がありました。

相談の内容

この相談会の報告会では、相談件数一一一件のデータを集計し、分析しています。それらの相談からわかったのは、半数の相談内容があらかじめ想定された内容に当てはまらないもので、一件の相談が複数項目にわたっていることでした。それをあえて小くくりに分類すると、生活に関する相談（二七・八％）、求職に関する相談（一一・八％）、子育てに関する相談（九・二％）、住まいに関する相談（九・二％）、健康に関する相談（七・九％）、性被害（六・六％）、隣人トラブル（一・三％）となっています。ちなみにここでの性被害は加害者が家族以外の場合に限られているので、ここに家族からの被害を加えると、性被害の相談がかなり寄せられたことがわかります。

また、離婚に関する相談も多く寄せられています。例えばコロナ禍を機に夫が在宅勤務になったことで夫婦関係が悪化し、離婚すべきかどうかについての相談に加えて、離婚調停、離婚訴訟、監護権審判、養育費調停、養育費不払いに対する強制執行など、法的な視点からの相談も多く見られます。

また、夫の言葉による暴力が日常的に存在するものの、子どもがいるので生活上の不安から、すぐに別居や離婚に踏み切れないといった相談や、親や子どもからの暴言やモラルハラスメントの被害を訴える相談などがあったとのことです。家族の介護疲れ、パートナーの健康不安、離婚後一人で子どもを育てているものの学費などをどう賄ったら良いかなどの不安や、一人暮らしの不安についての相談も多かったといいます。

「求職に関する相談」では、コロナ禍で転職や再就職が難しいといった相談に加えて、うつ病にかかり障害者雇用の求職先を探すが見つからない。離婚協議中で別居一人ぐらしのため正社員の仕事を探しているが見つからない。あるいは、コロナ禍で就労先店舗が閉店する。個人事業の再開が難しいといった経済的な問題などが相談内容として持ち込まれたということです。

以下、特徴的な相談として、

①ずっと一年契約で働いてきて無期転換をめざしてきたが、その前に雇い止めの通告を受け

た。未だに仕事が見つからない。

②コロナ禍のために仕事が激減した。勤務シフトが確立していないという理由で休業補償を払ってもらえない。利用できそうな制度やセーフティーネットがあれば教えてほしい。

③四〇代。子どもに対する夫の暴力が悪化。物を投げたり、学費を払わないと宣言したりする。昨年（夫が）失業して以来、夫の精神状態が不安定で悪化した。夫と別れて子ども達と一緒に暮らしたいがどうしたらいいかわからないので相談。

④五〇代。コロナの影響で夫が在宅勤務となり、夫が家にいる時間が増えて、夫と同居していることに耐えられなくなった。子どもが成人したら離婚したい。ＤＶはないが、会話がなく、また、夫は全く家事をしてくれない。

⑤緊急事態宣言のため勤務先の店舗の経営が厳しくなって閉店となり、今年失業。退職理由を自己都合にされたので、失業保険がすぐにもらえない。幼い子どもとの生活が不安である。

などが挙げられています。これらの相談を見ると女性たちが抱える問題が多岐・多方面にわたっていて、家庭内の要因と労働市場での職探しの問題が複合的に絡まって、問題を複雑にしていることがわかります。報告会でも、実際に相談に当たった弁護士の方から、自身が今まで関わってきた女性の労働相談とは趣が異なり、女性の抱える問題の背後には、家族問題があるだけではなく、家庭内暴力や過去の性被害などによるＰＴＳＤなどの問題があり、「複合的に対応できる相談体制の構築が急務」であるとの指摘がありました。

過去の性被害によって安定的な雇用につくことが難しい

「女性のための女性による相談会」の実行委員で女性たちの相談に当たったジャーナリストの松元千枝さんは、相談会を通じて痛感したのは、女性の暴力被害の多さであると述べています（松元　二〇二一：四四）。

暴力の被害は、一〇年、二〇年経っても記憶から消えることはない。記憶の奥にしまい込み蓋をすることはできるかもしれないが、ふとした時によみがえる。そして一度の被害経験でも深く精神を病んでしまうのだ。

三月の「女性による女性のための相談会」で最も多かった「仕事」の次に「こころとからだ」についての相談があった。女性たちは、法律、仕事、住まいなどそれぞれの悩みや問題と同時に、精神的・心理的な症状を訴えた。

精神障害者手帳を持つ人も複数いる一方で、手帳を申請中だという相談者もいた。手帳を持っていなくても、ほとんどの相談者が精神の病気や障害の症状、精神の不安定さについて不安を語った。原因は、子ども時代に親から受けた虐待の後遺症や夫からのDVであったりするがセクシャル・ハラスメントにあったことが、過去の暴力のPTSDを誘発するきっかけにもなっているようだ。

日本福祉大学の長江美代子さんも、過去に性被害にあった女性は、安定した雇用につけずに派遣労働を繰り返すケースが多いことを指摘しています（図3-1）。それは性暴力の記憶がフラッシュバックするPTSDが存在するからで、その症状が出ると出勤できなくなるからです。「仲間に迷惑をかけて申しわけない」と自発的に仕事を辞めてしまう人もいます。職場で上司からセクハラにあったという女性の話を聞いたことがありますが、被害後、朝の通勤電車で職場の近くまで来ると気分が悪くなって会社に行けずに、転職を決意したということでした。

次の相談事例は松元さんの論文に紹介されている、相談会に訪れた女性たちの事例です。

【相談事例一】三〇代のAさんは、コロナ禍で、事業縮小を理由に派遣切りにあいました。しかし、実際には事業縮小はされず正社員にその仕事が引き継がれたということです。その後、イベントスタッフやコールセンターの日雇いの仕事をしながらなんとか糊口をしのいでいるのですが、コロナ下で収入が激減し、家賃を三ヶ月滞納。住宅確保給付金を申請したとはいうものの生活の不安を抱えているといいます。

Aさんが短期雇用を続けざるを得なかったのは、幼少時に同居するようになった父親の再婚相手から精神的な虐待を受け続けたことに加えて、父親から性的な嫌がらせを受けたこと、さらには通学や通勤途中で痴漢の被害にもあい、軽度の男性恐怖症があることが背景としてあったと指摘しています。

また、症状が悪化しており、診療内科を受診したいが、受診するお金も薬を買うお金もなく、途方にくれて相談会を訪れています。

【相談事例二】四〇代のBさんは中学生の頃から始まった母親からの虐待と学校でも教師が「変な子ども」とBさんを見たために信頼する大人が周りにいない状態で育ったといいます。成人後はキャバクラを転々としながら働きますが、それもある程度の年齢になると難しくなりました。運良く、コールセンターの派遣の仕事を見つけ、二ヶ月の契約更新を繰り返しながら就労。無理がたたって体を壊した時は一ヶ月の契約に変更され、その後雇い止めにあい、失業保険を受給しましたが、コロナ下で仕事が激減し、就職もままならなくなりました。住居確保給付金や緊急小口資金を申請すると同時に、精神疾患の症状が悪化したために、障害者手帳を申請し、障害者枠での就職を目指しています。

【相談事例三】五〇代のCさんは夫からの暴力で精神を患い身体的にも後遺症を負っています。DV被害者支援団体の支援を得て、離婚が成立しました。精神障害者手帳を取得していたために障害者年金で家賃を支払うことができていたといいます。また、美容師の資格があり、着付けもできるために入学式や卒業式や成人式で着付けの仕事もしていました。ところが、コロナであらゆる行事が中止になり、収入源を失います。イベントや配送業務などの日雇いの仕事をしながら生活していましたが、それも長くは続きませんでした。

夫からの暴力に苦しめられていたために、一つの職場で安定的に働くことをCさん自身が望んでいないといいます。しかし、貯金が数十万円あったことと障害者年金を受給していたために生活保護を申請することができません。残された選択肢は家賃と食費を削ることしかないとのことです。

今述べた相談事例は、よろず相談所「街角のメンタルヘルス」で長江さんが受けた相談者の相談内容と重なります。また、これらの事例から、困難な状況にある女性の支援には、ただ単に就労を支援するだけでなく、必要な場合にはカウンセリングなどの心のケアを同時に行いながら支援する、個人に密着した伴走型の支援が必要になっていることがわかります。

Cさんは夫の暴力から逃れるのに多くの時間を費やしています。もっと早く離婚していれば経済的には安定したかもしれませんが、多くの専門家が指摘しているのは、「DVの根本の問題は、被害当事者に被害者だという認識がないこと。また、暴力に耐えるか、貧困に耐えるかのどちらかを選択しなければならず、子どものことを考えると、自分さえ我慢すればいいと考える女性が多い」と言います。さらには、長期間暴力を受けることでPTSDを発症している可能性が高く、その治療が必要ですが、それを治療できる専門家もそれに対応できる病院も不足しています。PTSDを発症していると自分の現状を言語化することが難しく相談窓口でうまく自分が置かれている困難について説明できないので、適切な支援につながりにくいのです。

6　共依存という問題

ここまで読んで、自分とは無関係な問題と思うかもしれません。しかし、家族カウンセラーの信田さよ子さんは、性暴力の背後には、近代家族の共依存という問題があり、それを近代家族の負の遺産と呼んでいます（信田　二〇一二、二〇一三）。ここでいう近代家族とは夫が稼ぎ手で妻が家事に責任を持つという性別役割分業が成立している家族のことで、社会の近代化とともに出現した家族の形態です。

「共依存」とは、困らせたり、心配をかけたりする人を、世話をしたり面倒を見ることで支配することを言います。それは日本の常識から考えて、それほどおかしいことではありません。むしろ愛情と呼ばれることも多いのです（信田 二〇一三：一〇）。そう考えると、私たちの社会は、会社組織でも家族においても、上下関係や支配関係によって成り立っていて、ちょっと間違えると、愛情が支配に変わり、夫婦間の暴力として顕在化したり、子どもへの虐待につながったり、あるいは職場におけるセクハラのような形になって現れやすいと言えるのではないでしょうか。

加えて、文化においても、暴力やハラスメントは強さの象徴として捉えられやすく、それゆえに見過ごされやすい傾向にあると言えます。つまり、ここで紹介した事例は、誰の身にも起こることだと言っても過言ではないのです。また、ここで問題になっているのは、立場を利用して人を支配することの問題なので、女性が加害者で男性が被害者になることも当然あります。だからこそ、私たちは、どちらか一方が他方を支配するという関係性から脱却し、誰をも支配しない対等な関係を築く努力をする必要があるのです。

そのために、私たちは自分たちの意識を見直す必要がありますし、また、教育機関では男女の間に対等な関係を築くためのジェンダー教育が必要になっているのです。

同時に、不幸にして被害にあってしまった場合には、早期に支援を受ける必要があり、また医療機関や公的機関が連携して支援体制を整えることが必要になっています。

今回のコロナ禍では、ＤＶや子どもの虐待、あるいは性暴力被害という問題が可視化されました。また、社会の側にも被害者を支援しようという動きが広がっています。この機会を活かして、被害者の「助けて」という叫びに応える社会の形成が今求められているのではないでしょうか。

（1）性暴力被害者支援看護職は一九七六年にアメリカテネシー州で始められました。被害直後の急性期に身体的、心理的ケアを行うことで被害からの精神的なダメージを軽減し、被害によるＰＴＳＤからの回復を早め、性と生殖に関する健康と権利（リプロダクティブヘルス＆ライツ）を守る重要な役割を果たす看護職で、日本では二〇一四年に、日本フォレンジック看護学会が設立されています。

第3章　三万八三八三件の被害者から見えてきた性暴力の実態

「彼がしたことは略奪です。暴力です。彼は私の皮を剝いだ。無理矢理に。その皮は未だに再生されていません。皮を剝がされたからだと心は未だに血を流しています。ヒリヒリと痛いです。どうにかしようとして、上から何か被っても、その下でずっと血が流れているんです。今もそうです」（井上　二〇二二：一一九）。

右で紹介したのは井上荒野さんの小説の中に描かれているセクハラ被害者の心理描写の一節です。作品を書くにあたって多くの被害者の経験を読んでいくうちに、被害者がいかにそれによって長く苦しみ続けるのかを知り、それを表現したいと思った時に浮かんだのが右の表現だったそうです（1）。

二〇一七年一〇月に伊藤詩織さんが『Black Box』を出版し、実名で自身のレイプ被害を克明に綴り社会に衝撃を与えました。日本では性犯罪は密室（Black Box）で起きた出来事として片付けられるケースがほとんどで、加害者を起訴することは極めて難しく、詩織さんのケースも東京地方検察庁は嫌疑不十分で不起訴としましたが、その後に起こした民事裁判で最高裁が性暴力被害を認め賠償を求める判決が確定しています。

この事件は加害者が当時の政権に極めて近い著名なジャーナリストであったことや、実名で告発をしたことから国内外の注目を集め、日本における #MeToo 運動の先駆けとなりました。時期を同じくしてニューヨークタイムズ紙がハリウッドの大物プロデューサー、ハーヴェイ・ワインスタインの長年にわたる性暴力・セクハラ疑惑を報道したことをきっかけにそれまで沈黙していた被害者が自身の経験を #MeToo をつけてネット上に書き込み、#MeToo 運動が起きました。

このように伊藤詩織さんが声をあげたことで、その後日本においても実名で加害者を告発するケースが相次ぎました。財務省のセクハラ事件、著名なフォトジャーナリストによる性暴力が被害者によって明らかにされ、それを元に小説が書かれ、映画界では監督の性暴力が被害者から実名で告発された結果、性暴力やハラスメントに反対する声明が映画界や作品の原作者から出されています。

しかし、このように勇気を出して声をあげた被害者に対しては賞賛の声が上がるとともに心ないバッシングも受けます。伊藤詩織さんはその結果日本にいられなくなり、一時期イギリスに移住しました。

また声を上げた一人、女優の睡蓮みどりさんも、「売名行為だ」「枕営業だ」などの批判がSNSやメールなどで届き、傷ついた一人です。その経験を踏まえて「性暴力をなくすためのガイドラインや、性被害の告発をきちんと調べられる第三者機関の設置し、対等ではない関係を利用され、あらがえない状況で性行為を強要される性被害を取り締まるように、刑法の条文に盛り込んでほしい」と新聞のインタビューでのべています（朝日新聞二〇二二年七月一日朝刊）。

このように実名で性暴力を告発する被害者があとを絶たず、社会の関心も高まっているとはいうものの、性被害の実態やそれによる後遺症についてはそれほどまだ知られていません。

二〇二二年六月一九日に放映されたNHKスペシャルは「性暴力〝わたし〟を奪われて」と題して、性暴力被害者の被害後の心の苦しみをドキュメンタリーで描いています。また、同じ番組で、性暴力被害者を対象としたアンケート調査の結果が紹介され、それを元に専門家が討論をしています(2)。筆者も専門家の一人としてアンケート調査の作成に加わり、また、討論にも参加させていただきました。

この章では、そのアンケート調査の結果などを元に、ここから見えてきた性暴力被害の実態、二〇一七年に改正された性犯罪をめぐる刑法の問題点と改正案の内容、そして、日本における不十分な被害者支援の実態について見てみたいと思います。

1　性暴力とは何か

定義

性暴力とはどのような行為のことを言うのでしょうか。

ここで簡単に性暴力の定義について述べておきたいと思います。国連の女性に対する暴力に関するハンドブックによると性暴力とは「身体の統合と性的自己決定権を侵害するもの」と定義されています(3)。また、博多ウィメンズカウンセリング代表の椹木京子さんは「私の体は私のもの、私は自分の性的なことは自分で決定する権利を持っている。それを侵害するものはすべて性暴力である」と述べています（椹木　二〇二一：四）。簡単に言えば、合意なき性行為は全て性暴力であるということです。

具体的には、レイプやわいせつ行為、セクシャル・ハラスメント、性的虐待に加えて、痴漢や盗撮、覗き、アダルトビデオ被害、夫婦間暴力、性的な侮辱や同意のない接触、ＪＫビジネス、リベンジポルノ、人身売買などの行為がここに入ります。

とはいうものの、このような説明だけでは性暴力のもつ本質を理解することは難しいのではないでしょうか。性暴力被害にあった卜田素代香《うらたそよか》（仮名：以下「そよか」）さんは、二〇〇〇年に刑事訴訟法の改正で導入された刑事事件の被害者参加制度を使って、刑事裁判の法廷で意見陳述を行いました。

この意見陳述の全文が、そよかさん自身が運営する性被害者支援のための情報サイト「THYME（性暴力被害者支援情報プラットホーム http://thyme.buzz/）」に掲載されただけでなく、NHKのサイトでも取り上げられ、大きな反響を呼びました（4）。また、『文藝春秋』二〇二二年七月号に掲載された「「性暴力」私は負けなかった」では、性暴力について正しい知識を持つことの重要性についてのべています。それらを引用しながら、性暴力とは何か、その本質について考えてみたいと思います。

2 ある性被害者の証言

事件について

そよかさんの事件は社会人一年目の時に起きました。オートロックつきのマンションに深夜見知らぬ男が侵入し、性行為を強要されたのです。行為が終わった後には、証拠が残るからとシャワーを浴びることを強要され、加害者は誰かに言ったら動画を会社のメールに流すと脅し、無理やり二万円を置いて部屋を後にします。

そよかさんは、大学で性暴力の知識を得ていたために、事件後すぐに家族とともにワンストップ支援センターを訪れ、証拠保全をすることができましたし、また、警察にも連絡することができました。さらに、病院に行き、ここでは、中程度のPTSD（心的外傷後ストレス障害）と診断されましたが、治療もスムーズに行うことができました。事件の二ヶ月半後、採取された証拠からDNA鑑定が行われ、それが決め手となって三〇代の男が逮捕されました。

裁判では、事件が原因でPTSDという心の傷を負ったのであり、これは「強制性交等致傷罪」に当たるとして、一審の東京地方裁判所では懲役一〇年が求刑されました。

性暴力とは何か

そよかさんは刑事裁判で、性暴力について以下のように語ります。

> 私はこの場では被害者として立っていますが、「被害者」ではなく、意思を持った一人の人間です。「かわいそうな人」ではなく、みなさんと同じように普通に生きてきた、そしてこれからもみなさんと同じように生きていかなければならない一人の人間です。決し

て稀有な存在ではありません。

「性暴力は何に対する罪なのか」、考えてみてください。私は、性暴力とはひとりの人間から尊厳を奪う、意思を持った一人の人間を、ただの女あるいは男として、暴力の対象として、支配欲のはけ口として記号に押し込め、人格を深く傷つける、そういった罪だと考えています。

性暴力は「兵器」です。性暴力が、戦争で戦略的に使われるのをご存じでしょうか？なぜ戦争で使われるのか、それは「性暴力が、敵の民族をただ虐殺する以上に、民族としての尊厳の部分から深く傷つけ、すべてを奪い支配することのできる手段だからです。」性暴力は、ある人間の人格も変えます。ある人間を性的に虐待し、意思を奪い支配すれば、その人間を悪魔にも変えられるのです。

「魂の殺人」という言葉で、分かった気にならないでほしい。その言葉を免罪符のように使わないでほしい、そう思います。

それほどの悲惨な暴力を、「よくあること」のように、主に社会的弱者が受けるのです。私が受けた性暴力は、この事件の被害だけではありません。子どもの頃から日常のなかに、それは存在しています。学生時代、成果を出して嬉しいことがあった日、帰り道知らない人に後を付けられ誘拐されそうになり、自信と前向きな気持ちを折られました。仕事が大変でもなんとか頑張ろうと思っていた日、知らない人に声をかけられ付きまとわれ、やっぱりうまくいかないやと意思を削がれました。この事件の被害にあった後、やっと日常生活が送れるようになって復職面談に出かけた日、痴漢の被害にあいました。死にたくなりました。「やってらんねえ」と思いました。みんなみんな、捕まっていないです。この社会では「しょうがないこと」「よくあること」という扱いをされるんです。

歪んだ認知の元に作られた司法と男性中心の社会構造

私は、加害者だけでなく、この世の中の仕組み自体が歪んだ認知の元に作られていることに、絶望しています。現在の日本の司法や仕組みの中では、どうにもできないことがあまりに多すぎるからです。これは男性中心主義の社会構造の問題でもあります。この社会へのどうにもすることのできない絶望と怒りは、話そうと思えば、何十時間でも話せます。それくらいに私の絶望は深いのです。日常的に性暴力が存在していても、二次加害をする人間がいても何もできない、被害自体、差別構造が存在していること自体否定される、これが私に見えている世界なのです。

社会に存在するレイプ神話

ちなみにここで語られる二次被害とは、「レイプ神話」と呼ばれるもので、「嫌なら抵抗できたはずだ」とか「被害者が狙われるような服装をしていたんじゃないか」という偏見のことです。レイプ神話が広く浸透していることで、被害者に落ち度があったかのような発言が生じやすく（これをセカンドレイプと言います）、被害者は自分を責めてしまいがちなのです（卜田 二〇二二：三五〇）。

家父長制を前提とした価値観

このような二次被害はなぜ生じるのでしょうか。そよかさんは、その背後に被害にあった女性を傷物とするような古い価値観があると記事の中でのべています。「そういう価値観の下では、女性は性に対する主体性がなく、何の非もなく被害にあった身でありながら「恥」とされてしまいます」（卜田 二〇二二：三五四）。

なぜ、女性の見た目でいるだけで、このような暴力や見えにくくされている差別に晒され続け、社会はそれを見逃し加害者を許し続けるのでしょうか？　みんなひどいと思っているのに、そう言葉にはするのに被害者を救えないのは、社会構造の問題です。だから、社会構造を変える一歩として、メッセージとして、ここで正当な判決を出してください。過去の判例に従うのみで事務的な判断をするのならば、これからも加害者を許し続ける、性暴力をしょうがないこととして見逃し続ける社会を選択するということだと考えます。裁判官のみなさまは、法律については専門家です。でも、ジェンダーや性暴力の問題については、まだまだ実情を知らない部分もあるのだと、心に留めていただきたく思います。

被害後の苦しみや気持ちについて

被害後しばらくは、恐怖で日常生活も送れませんでした。ＰＴＳＤとしては寛解しましたが、現在でも帰宅した時には、避難経路を確保しながら、クローゼットの中やお風呂場の中に人が隠れていないか慎重に確認して、やっと上着を脱ぐ。そういった行動や癖が抜けません。

ＰＴＳＤの治療が終わった後でも、一年近くは普通の時間にベッドで眠るのがこわい日があり、そういう時は明け方まで居間で過ごし、被害時刻を過ぎた五時前になってからベッドで寝るというような生活をしていました。家族の誰かしらが起きていないといけない、家族が寝ている時は私が起きて家の中を見張っていなければいけない、そんな感覚だったのです。部屋を移動する時も、家の中のドアを開けるという、たったそれだけのことがものすごく怖いのです。ドアの向こうに人がいるような感覚が、あの時の恐怖と身体の強張りを同じように感じて、心臓がバクバクいって、その場で動けなくなるのです。自分の家の中でドアを開ける時、常にそのような状態でした。

失ったキャリア

事件によって、その後のキャリアも大きく変えられてしまったと思います。事件当時私は新入社員でした。入社前から希望していた部署に配属されることになった時は、本当に嬉しかったことを覚えています。私の身に余るような部署に、期待をかけて配属してくれた会社や、当時一緒に働いていた方々のことを思い出すと、また、意欲を持って働いていた、あの時の私を思い出すと、良くしていただいた人たちにちゃんと話もできないまま、事件の前日に最後にあったまま、事件後一日も会社で働くことなく退職する結果になったことに、とても残念で心苦しさを感じます。

現在アルバイトで自分の能力をある程度活かせる仕事についていても、私自身はまるで戦争から帰ってきたような感覚で、仕事に対して以前感じていた楽しさや価値観が、自分のなかから消えていることにも、この一年で自覚させられました。ある時仕事の帰り道、キャリアを断たれた以上に、自分の感覚や仕事に対しての感じ方を変えられてしまっていたことにハッと気づいた時、ひどく悲しくなり、悔しくて涙しました。キャリアを断たれたことだけでもひどいですが、キャリアはやり直しが利きます。別の会社でもやっていけます。でも、そもそもの楽しさを感じる感覚を、私は奪われていたのです。仕事によって得られる達成感が、今まで感じられていた楽しさが消え去っていた、このつらさや空虚感は、想像に難くないと思います。

これだけ頑張っていた人間が、仕事にも何の問題もなかった人間が、事件によって「機能しなくなった」のです。一年以上も会社を休み、そのまま一日も出社することなく退職をしました。ＰＴＳＤは中等度といっても、そういう苦しみが伴う病気です。これが傷害でなかったら何なのでしょうか。

必要なのは正しい知識

そよかさんは、性暴力によって深い傷を負ったことは事実であるけれど、「「隠さなければいけない」「自分が悪い」と思わずに済んだことは、被害回復を考えても大きな意味を持つこと」（卜田　二〇二二：三五四）であり、そのように対応できたのは、自分に知識があったからで、その知識こそがやさしさにつながるのだとのべています。

性暴力を考える時、私が大事だと思うのが「知識はやさしさ」ということです。私が当事者として知識に助けられたのもありますが、身近な人が被害者になった時、その人を助けられるかどうかは良心より知識にかかっていると感じます。（中略）私は被害者としての意見陳述で「普通の人間が、普通に安全に、これからも生きていける世の中を作る判断をしてください」と訴えました。これからの私もまた、そういう世の中を作る「一人の人間」として生きていくつもりです（卜田　二〇二二：三五五）。

長い引用になりましたが、長く引用した理由は、この意見陳述には、性暴力の本質が全て述べられていると思うからです。男性中心主義や、社会的に作られた男らしさ、女らしさの価値観によって成り立っている社会構造の中に、性暴力を生み出している本質があるとのべています。これは第一章でのべた配偶者や恋人など親密な関係にある、またはあったものから振るわれる暴力（DV）を生み出すメカニズムとして指摘した男女不平等な社会構造に通じるものです。それが立場の上にあるものに、力による支配を容認しているからです。それゆえに、加害者個人に焦点を当て、加害者を罰しても、それを生み出す社会構造やそれを支える価値観を問い直さなければ、第二第三の加害者が現れて、性暴力はなくならないのです。そして、その不平等な構造の中で被害にあってしまったら、必要なのは、支援を得るための「正しい知識」というのも、非常に重要な指摘だと思います。さらには幼い頃の教育によって性に対する「正しい知識」が提供されることが究極的には同意のない性行為をしないことにつながり、性暴力の抑止につながるのです。

3　アンケート調査の結果から見えてきたこと

ＮＨＫでは二〇二二年三月一一日から四月三〇日までの間、性暴力の被害者の方などを対象にＷｅｂ調査をおこなっています。私も専門家の一人として、アンケートの作成分析に携わりました。アンケートの募集に際して、回答をいただいた内容は個人情報を伏せた形で集計し、

ＮＨＫの番組だけでなく専門家の研究などでも使用することの了解を得ています。

インターネット上で性暴力被害者やそのご家族などに協力を依頼したところ、三万八〇〇〇件を超える回答がありました。この調査の結果はすでにＮＨＫの双方向課題解決サイト「みんなでプラス」の「性暴力を考える」に掲載されています。ここで紹介されているコラムに掲載されている数字をもとに、日本の性暴力の特徴を探るとともに、二〇二三年三月に閣議決定された「不同意性交罪」について、この改正が、本当に被害者の視点に立って提案されているのかどうかについて考えてみたいと思います。

多くの被害者が回答した理由

読者の皆さんは回答数の多さに驚くのではないでしょうか。なぜ想像を超える被害者の方がアンケートに答えてくれたのでしょうか。アンケートの最後にはその動機について聞いています。大多数の方が、性暴力の実態を社会に伝えたい。性犯罪をめぐる刑法改正を願っているから。被害者を責めない社会になってほしいから。性暴力がない、被害者が生まれない社会になってほしいからなどと回答しています。

以下、自由記述欄にも書かれていた言葉のいくつかを抜粋して紹介します（5）。

「性暴力は明るみに出ている件数より多く存在していることを伝えたいから」

「幼い時から性被害があることをよく知ってほしい。また性被害にあった後、幼ければ幼いほど、自分で認知し他者に話せるまでに膨大な時間を要することを知ってほしい」

「『男性も性被害にあう』という現実を、もっと知ってもらいたいから」

「性被害者のその後について多くの人に知ってほしい。心も人生も壊れることを知ってほしい」

「被害について、ずっと誰かに話したい、聞いてほしいと思っていたが、現実の人間関係の中では誰にも打ち明けることができなかった。今後も打ち明けることはないと思う。アンケートという形でもいいから誰かに知ってほしかった」

「アンケートに答えることは勇気がいりました、しかし今は答えることができて良かったと心の底から思います。押し殺していた自分の気持ちと向き合うことで、今の自分を愛してくれる人への感謝の気持ちで涙が止まらないです。大げさかもしれませんが、このアンケートを通して新たな自分としての再生の道を踏み出せる気がしています」

同意のない性行為の四つのパターン

齋藤梓准教授は、同意のない性交に至る過程を四つのパターンに分類しています（齋藤・大竹二〇二〇：三六〜三七）。一つは親や兄弟など親族、あるいは親の恋人などによる性暴力被害です。もうひとつは「奇襲型」です。突然襲われ性行為が行われたと言ったケースです。冒頭で紹介した「そよか」さんのケースが該当しますが、夜中に突然見ず知らずの人が住居に侵入し、レイプされるというケースや、学校関係や職場など知っている人が加害者になる場合もあります。「飲酒・薬物使用を伴う型」は、飲み物の中に薬が入れられて、抵抗できなくして性交に及ぶというパターン。

そして最後は「エントラップメント型」。これは罠にはめるという意味で、精神的・物理的に逃げ道を塞いでいき、明確な暴力がなくても逃げられない状態になってから性暴力に及ぶというパターンです。ドメスティック・バイオレンスはこの一例と言われています。また、セクシャル・ハラスメントやアカデミックハラスメントも、上下関係を利用した性暴力で、被害者を拒否できないような状況に追い込むことで、同意なき性交に及びます。実際の性暴力では、これらの四パターンが複数使われて性暴力が行われるケースが多くなっています。

アンケート調査から被害者の自認している性の構成比を見ると、九一・三％は女性ですが、

Xジェンダーが五・四％、男性は一・一となっています。ここでいうXジェンダーとは、自分のことを男でも女でもない、また、男でも女でもあると性自認している人のことです。この章では、三つのカテゴリーの区別はせず、全体のサンプルを使って分析しますが、男性だけの分析もなされています。この分析については「NHK性暴力を考えるvol・183」をご覧ください(6)。

被害時の年齢

アンケート調査の結果を見て驚くのは、被害者の四分の三が一〇代であることです。一〇歳未満が二〇・三％、一〇代が五四・三％となっています(図3-1)。

アンケート調査では、最も衝撃を受けた被害について聞いています。また、継続的な被害を受けた場合には、記憶にある最初の年齢を回答してもらうように依頼しています。

その結果わかったのは、最初の被害にあった平均年齢が一五・一歳であるということです。また、警察庁がまとめている強制わいせつや強制性交の認知件数も、二〇代までの子どもたちの被害がとても多いこととも整合的な結果になっています。

日赤名古屋第二病院「なごみ」に来所する性被害者の年齢も同様の傾向にあることは、第二章のインタビューでも指摘されています。社会で認知されているよりも、低年齢で性暴力被害にあっている人が多いことがここからわかります。

さらに、質問では継続的に被害にあった場合には「記憶にある最初の年齢」を記載するように求めています。その変数を使って分析を行うと、年齢が低くなるほど、継続的に被害にあうことも多く、現在も引き続き被害にあっていると回答した人が四・八％いることもわかりました。

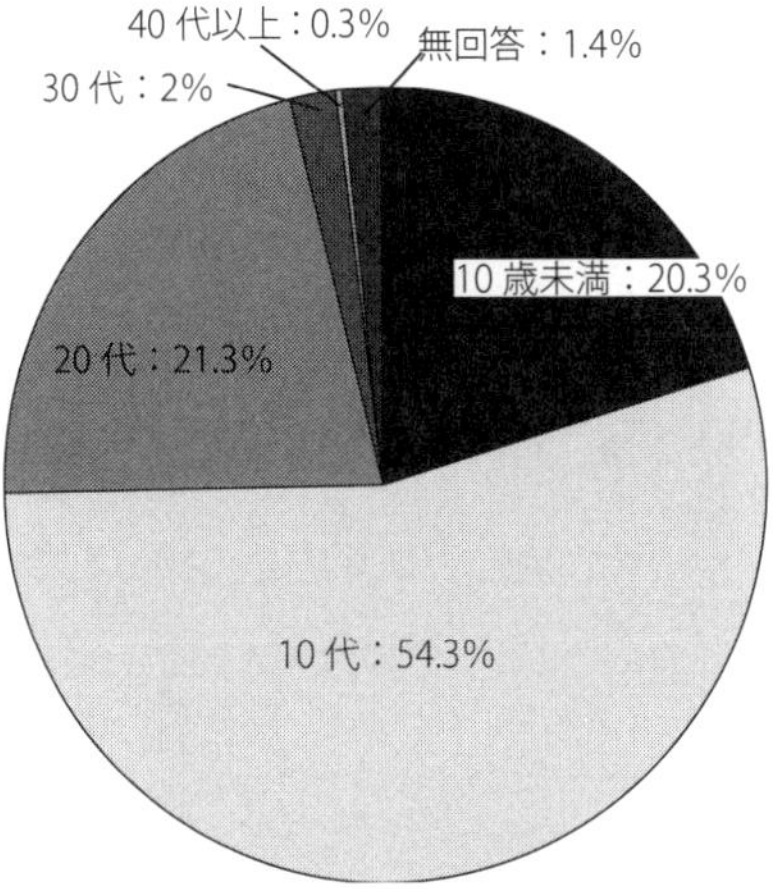

図 3-1　被害に遭ったときの年齢（出典：NHK「"性暴力"実態調査アンケート」より）

ＮＨＫのアンケートでは、全体の一三・五％が家族・親族から性虐待を受けています。さらに一八歳未満に限ると一八・七％と高くなっています。子供への性虐待の場合は、体に触れるといった行為からエスカレートする傾向があると専門家によって指摘されており、また、その過程で子供を徐々に支配していくので発覚するのに時間がかかると言われています（齋藤・大竹 二〇二〇：八六）。多くの場合、子供本人が母親に告げたり（実父の場合）、母親が気づいたりすることで解決への道が開かれます。しかし、家族が気づかず一〇年が経過したというようなケースもあり、その間子供は、情緒が不安定な時期が続き、不眠に苦しみ、「死にたいという思い」（希死念慮）や「自分は汚れてしまった」といった自尊感情の低下に苦しみます。

このようなケースが決して例外的ではないことは、第二章での長江美代子さんのインタビューでも語られています。この対応には性虐待に専門的な知識を持って治療に当たることができる専門家が必要なのですが、その数が不足しており、回復に時間がかかってしまうのです。

ちなみに二〇二二年六月に内閣府が実施した、全国の若者（一六〜二四歳）を対象とした調査では、回答者のうち、四人に一人（二六・四％）が何らかの性被害にあったと回答しています（7）。ここでの性被害は以下の五つに分類されており、それぞれの回答割合は括弧内に記載されています。「言葉による性暴力」（一七・八％）、「視覚による性暴力」（七・四％）、「身体接触を伴う性暴力」（一二・四％）、「性交を伴う性暴力被害」（四・一％）、「情報ツールを用いた性暴力」（九・七％）となっており、言葉による性被害が一番大きくなっています。学校教育における性教育の重要性がここから浮かび上がってきます。

顔見知りからの被害が多い

過半数の五一・八％が顔見知りから被害を受けています（図3-2）。

配偶者・パートナー（元）（六・八％）、配偶者以外の家族・親族（一三・五％）、それ以外の顔見知り（三一・五％）です。それ以外の顔見知りの中の職場関係者による性暴力被害については次の章で改めて論じます。

被害後の心身への影響

被害後、多くの人が、その心身に深刻な影響を受けています。性被害とＰＴＳＤ（心的外傷後ストレス障害）の発症率には強い相関関係があると言われています。ＮＨＫのアンケート調査を監修した齋藤梓目白大学准教授は、アメリカで開発されたＰＴＳＤに相当する症状が現れているかどうかを評価する指標の日本版を用いて分析しています。ＩＥＳ-Ｒ（改訂版出来事インパクト尺度：Impact of Event Scale-Revised）というアメリカで開発された指標で、日本の臨床現場でも実際に使われているものです。その結果、直近の一週間にＰＴＳＤを発症している疑いが強い件数が全体の五四・一％に及ぶと指摘しています（8）。しかし、実際にそう診断された

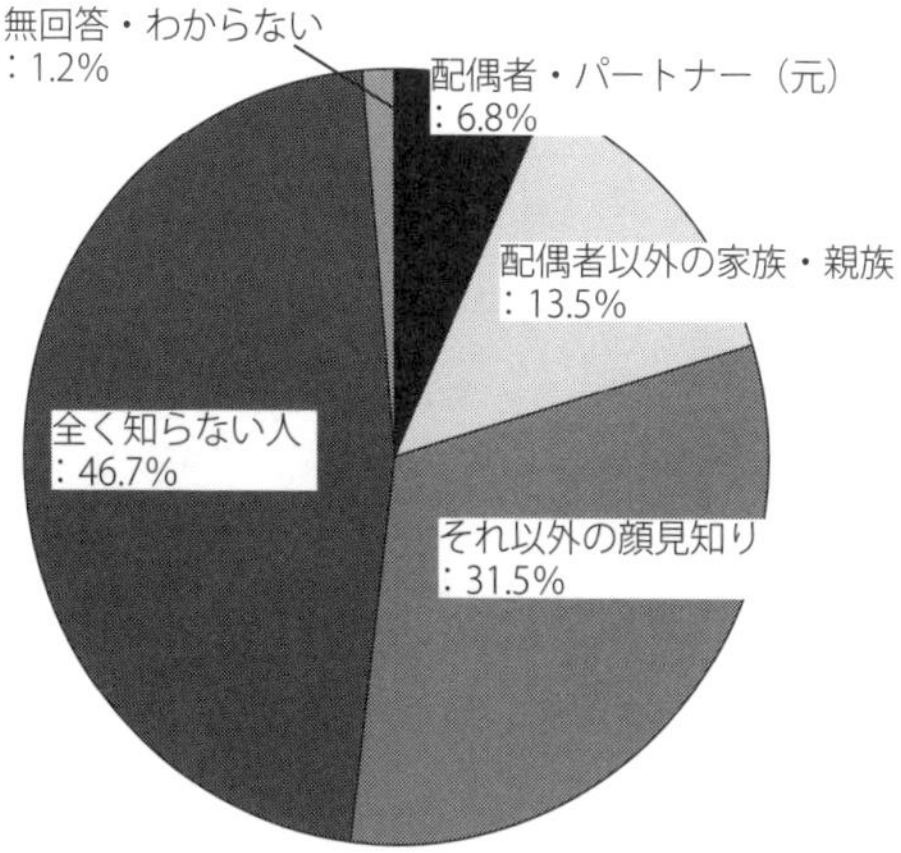

図 3-2　加害者との関係性（出典：NHK「"性暴力"実態調査アンケート」より）

と回答している人は三・一％に過ぎません。

齋藤准教授は、ＰＴＳＤの代表的な症状として、「再体験」「回避」「過覚醒」をあげています。「再体験」とはフラッシュバックと言われるもので、日常の中で突然頭の中で性暴力の記憶が蘇るといったものです。

「回避」とは、被害にあった場所に近づけなかったり、加害者と同じような人を見かけると記憶が蘇って恐怖を感じたり緊張してしまうということです。

「過覚醒」とは、頭が安全だと判断できず、常に緊張していて、いろいろなことが気になって、イライラして落ち着きがないと言った症状です。

加えて、性暴力を受けると、自分や他者に対する認識が変化して、自己肯定感が低くなり、自分を責めたり、感情のコントロールが難しくなってしまうのです。専門的用語では「認知と気分の陰性変化」と呼ばれており、「人間にとって自分の心を守るための機能」でもあると解釈されています（「ＰＴＳＤと性暴力」ＮＨＫ二〇二二年一一月一二日）(9)。

表3−1は、性被害の内容別の分布と、内容別にＰＴＳＤの状態である可能性の割合を見たものですが、ＰＴＳＤの状態にある可能性の割合を見てみると、脱がされた（七五・六％）、性器や体の一部を自分の口、肛門、膣に挿入された（七四・七％）、唇や舌などを体に当てられた（七二・五％）、盗撮された（六七・一％）などとなっています。同時に、下位にある、からかいなど、

表3-1　性暴力の「被害の内容」と「被害別"PTSD"の状態である可能性」
（出典：NHKみんなでプラス「性暴力を考える」より、筆者作成）

	被害の内容	被害別"PTSD"の状態である可能性
脱がされた	16.4%	75.6%
性器や体の一部を自分の口・肛門・膣に挿入された	18.6%	74.7%
唇や舌などを体に当てられた	20.9%	72.5%
盗撮された	8.9%	67.1%
加害者に自慰行為を見せられた・手伝わされた	10.8%	66.4%
体を直接触られた	39.6%	65.3%
加害者の性器、胸などを押し付けられた	26.1%	64.9%
からかいなど性的なことばをかけられた	40.0%	62.8%
加害の性器、胸などを見せられた・触らされた	29.2%	58.3%
衣服の上から体を触られた	65.7%	55.0%

性的なことばをかけられた（六二・八％）、加害者の性器、胸などを見せられた（五八・三％）、体を直接触れた（五五・〇％）といった被害も同様に高いPTSDの可能性の状態を示しています。また、被害から二〇年経っても四八・七％がPTSDの状態である可能性があるとされています（10）。このように性暴力は長い期間にわたって深刻な影響を与えるのです。

他方、後述のように、日本社会の中では、それが十分に理解されずに軽く扱われる傾向があります。

日本ペンクラブ主催のイベントで伊藤詩織さんは、日本では痴漢は「迷惑行為」と表現されているのに対して海外では同じ行為に「assault（暴行）」という言葉が使われており、日本で痴漢行為が軽く扱われていることがここに反映されているのではないかとのべています(11)。ところが衣服の上から体を触られたといった痴漢行為によるPTSDの状態である可能性のスコアを見ると、五五%と高い値を示しています。そして、このPTSDの状態である可能性の値は、性被害の内容にかかわらず、すべてにおいて高い値を示しています。このことが示すのは、性犯罪は人権侵害であり、人の尊厳を損なう行為であることです。それにもかかわらず、表現において軽く扱われているということは、社会において性暴力そのものが軽く扱われていることを反映しているのではないでしょうか。

アンケートでは、被害から今までの間に、あなたに起きたことや感じたことに関して(複数回答で)聞いています。回答の多い順から見てみると、

「気持ちが落ち込む」(六一・一%)
「自分を責める」(三六・七%)
「自分は汚れてしまったと思う」(二九・七%)
「人と親しくなったり、恋愛したりすることが難しい」(二五・五%)
「死にたいと思う」(二六%)
「自分には価値がないと思う」(二六・七%)

「同意のある状態であっても、性的な行為に嫌悪感や忌避感がある」（二五・一％）
「誰からも理解されないと思う」（二〇・四）
「人を避ける」（二一％）
「自分の子供を持ちたいと感じなくなった」（二〇・九％）

などとなっています。孤独感が強くなり、自己肯定感が低くなり、恋愛や結婚、子供を持ちたいと思わないなど、深刻な影響があることがわかります。

三割の被害者は、被害後「自分は汚れてしまった」と感じたと答えていますが、それは、性被害と無関係である周囲と比較して「自分は違った存在」になってしまい、「自分の価値が感じられない」という感覚を持つようになるからです。このような感情を持つと、人間関係をうまく形成するのが難しくなります。

また、被害者は、「被害にあうことは自分の落ち度」と考える傾向があり、自分を責め続ける傾向があるとも言われています。そこに不眠と食欲不振という症状が現れ、次第に、「死にたい」「消えてしまいたい」と思うようになります。実際、アンケート調査で被害者の二六％が被害後、死にたいと思ったと回答し、実際に死のうとしたと回答した被害者は一一・八％にも及びます。

被害者は、被害を受けて一番支援を必要としている時期に、自らを周囲から孤立させてしまうのです。

このような負の影響を断ち切り、新たな人生をスタートさせるためには、専門家によるカウンセリングなどの治療が不可欠です。他方、日本には、性被害を受けた被害者をケアする病院や専門スタッフが決定的に不足しており、専門人材の育成と被害者救済のためのシステム作りが急務になっています。

4 刑法の改正と今後

一九九三年一二月第四八回国連総会で女性に対する暴力撤廃宣言が採択され、性暴力、人身売買、ＤＶ、セクハラなど、あらゆる暴力行為をなくすために法整備や被害者支援などの施策を講じることが、加盟国に求められました。ところが、日本で性犯罪を規制する刑法は一九〇七年に制定されて以来、二〇一七年に改正されるまでの間、一度も改正されることなく維持されてきました。

改正の契機となったのは、二〇一四年に松島みどり法務大臣が就任記念記者会見で「強姦の罪が強盗の罪よりも軽いのはおかしい」と発言したことに遡ります。強姦罪で起訴された場合の刑期の下限は三年で、強盗罪よりも短くなっていたからです。ここからも日本の性犯罪がいかに軽く扱われていたかがわかります。この発言を受けて、法務省で刑法性犯罪の改正の議論が始まり、それを踏まえて、二〇一七年に改正されました。

ちなみに、二〇一七年以前には次のように性犯罪が規定されていました。

改正前の性犯罪に関する刑法

刑法一七七条（強姦罪）

暴行又は脅迫を用いて一三歳以上の女子を淫姦した者は、強姦の罪として、三年以上の有期懲役に処する。一三歳未満の女子を淫姦した者も、同様とする。

刑法一七七条第二項（準強姦罪）

女子の心神喪失若しくは抗拒不能に乗じ、又は心神を喪失させ若しくは抗拒不能にさせて、強姦したものは、前条の例による。

二〇一七年の改正

改正によって「強姦罪」の名称が「強制性交等罪」に変更され、また、男性も対象に含まれることになり、加害者、被害者ともに性差がなくなりました。

それに伴って、性交類似行為として肛門性交や口腔性交も処罰の対象となりました。

法定刑の下限の引き上げ

強姦罪の法定刑の下限は懲役三年と短く、これが改正へのきっかけにもなっていたのですが、改正後は五年に引き上げられました。

「親告罪」の規定の撤廃

改正前は、被害者が加害者を強姦罪で起訴するためには、被害者自らが、(処罰してほしいと)告訴状を書いて受理してもらう必要がありました。しかし改正後は被害届を出せば、警察に捜査してもらえるようになりました。

監護者による性行為への処罰

改正前は一三歳未満に対する性行為は同意の有無を問わず、強姦とされてきましたが、一三歳以上では親などの監護者に性虐待された場合には、その対象とされてきませんでした。そのために、監護者(親)から暴行や脅迫という行為があったことが示せないと、親(加害者)を罰することができませんでした。しかし、改正後は「監護者わいせつ罪」「監護者性交等罪」が新設され、親などの監護者が一八歳未満の子供に暴行・脅迫がなくても性虐待をした場合は罰せられるようになりました。

ここには、二〇一七年に出版された山本潤さんの『一三歳、「私」をなくした私　性暴力と生きるリアル』（朝日新聞出版）が大きな影響を及ぼしました（伊藤　二〇一九：四四〜四五）。

山本潤さんは、一三歳から二〇歳まで実父から性暴力を受けたことを書籍で公表しただけでなく、二〇一五年八月に「性暴力と刑法を考える当事者の会」を立ち上げ、法制審議会に要望書を提出し、被害者の意見を伝えるために集会を行い、メディアの取材にも応じています。

また、二〇一六年の春には法制審議会が実施したヒアリングで自身の経験にもとづき意見を述べ、二〇一六年秋からは性暴力撲滅を目指して啓発活動を行う「ＮＰＯ法人しあわせなみだ」、第四世代若手フェミニストによる社会派アートグループ「明日少女隊」と鎌田華乃子が立ち上げた「ちゃぶ台返し女子アクション」の三団体と協力して刑法における暴行脅迫要件をなくし、性と性暴力に対する文化を変えるためのＯｎｅ Ｖｏｉｃｅキャンペーンを開始しています（山本　二〇二一ｂ：二八六〜二九〇）。

ヒューマンライツ・ナウの理事伊藤和子さんは、著書で二〇一七年の改正に果たした被害者団体や女性団体の役割について言及し、「……山本潤さんをはじめ性犯罪被害にあわれた比較的若い世代の女性たちが中心となって、ビリーブ・キャンペーンを立ち上げ、精力的に世論に働きかけ、ロビー活動を進めたのは、これまでにない新しい女性のムーブメントとして注目されるものでした」（伊藤　二〇一九：四六）と述べています。

「性暴力と刑法を考える当事者の会」は二〇一七年七月に一般社団法人Ｓｐｒｉｎｇとして法人化し、当事者の声を国会議員に届けるために、現在に至るまで積極的にロビイング活動を続けています。

法改正が実現された背後にこのように勇気を持って声をあげた被害当事者と、それに賛同して行動する市民の活動があったことも特筆すべきことのように思います。一〇〇年以上変わらなかった性犯罪刑法を変化させたのは、女性たちの怒りであり、声でした。しかし、この改正には大きな課題が残されました。

積み残された課題

二〇一七年の改正を受けて、強姦罪及び準強姦罪は強制性交等罪、並びに準強制わいせつ及び準強制性交等罪という条文に変更されました。しかし、この条文では、強制性交と認められるためには、「暴行又は脅迫」によって性行為が強要され、それに対して抵抗したということを実証する必要があり、準強制わいせつ及び準強制性交等罪が認められるためには「心神喪失若しくは抗拒不能」（抵抗できないほど心が解離している状態）であることを実証しなければなりません。

次をご覧ください。

刑法一七七条（強制性交等罪）

一三歳以上の者に対し、暴行又は脅迫を用いて性交、肛門性交又は口腔性交（以下「性交等」という）をした者は、強制性交の罪として、五年以上の有期懲役に処する。一三歳未満の者に対し、性交等をした者も、同様とする。

刑法一七八条二項（準強制わいせつ及び準強制性交等罪）

人の心神喪失若しくは抗拒不能に乗じ、又は心神を喪失させ、若しくは抗拒不能にさせて、性交等をした者は、前条の例による。

この要件が高いハードルとなって、加害者が起訴される確率を低くしてしまっていたのです。以下実際この要件を満たさなかったことによって一審で無罪になった裁判例を見てみましょう。

四件の性犯罪事件に無罪判決

刑法改正後、二〇一九年には、四件の性犯罪に関しての裁判が起こされましたが、一審でその全てに無罪判決が言い渡されています。以下では簡単に無罪になった理由についてまとめてみます。

【判例一】サークルの飲み会で、飲酒で意識がもうろうとしていた状態の女性に男性が性交に及んだ事件。抗拒不能であったかどうかが焦点になり、女性が抵抗できない状況にあり、同意があったとは認められないとしたものの「女性が許容していると誤信してしまうような状態にあった」として一審無罪（その後逆転有罪）。

【判例二】コンビニの帰りに男性が口腔性交させ、昏座礁、顎関節捻挫等の傷害を負わせた事件。抵抗しなかったのは、頭が真っ白になったからなどの供述は信用でき、抵抗が難しかったことは認めながら、男性が気づくほどに激しく抵抗しなかったとして無罪。

【判例三】実父が一九才の娘に対して会社の会議室とホテルで二回性交を強制した事件。実父は被害者に対して五年以上にわたって性的虐待をしていた。裁判所は性虐待や父親から娘への暴行を認めながらも無罪を言い渡します。

理由は三つ、父親からの暴行はあったが、これをもって「その後も実の父親との性交という通常耐え難い行為を受忍し続けざるを得ないほどの極度の恐怖心を抱かせるような強度の暴行であったとはいいがたい。二つ目は、女性は抗拒不能な心理状態であったという鑑定書が出されたが、その判断は最終的には裁判所に委ねられるものであり、被告が性交時に抗拒不能状態を裏付けるほどの離人状態にあったとは判断できない。さらに、被告は性的虐待を行ってきたとはいうものの、服従・盲従するような強い支配関係が形成されていたとはいいがたく、一定程度自己の意思に基づき日常生活を送っていたことが認められる。という三つの理由から無罪の判決が下されました。

これらの判決からわかるのは刑法で加害が認められるためには「生命・身体などに重大な危害が加えられる恐れがあった。性交に応じるしか他の選択肢がないと思い込まされていた」といったことが実証されない限り、父親が娘をレイプしても有罪にならないということです。もっとも高裁で有罪判決となり、被告が上告したが最高裁で上告を棄却され、懲役一〇年の実刑が確定しました。

【判例四】実父が当時一二歳の娘と性交していたとして起訴された事件。狭い家にいて家族が気がつかないというのは不自然。被害者が性的な知識がなかったとはいいきれない。被告が長年にわたる性的虐待などで、被害者（娘）を精神的な支配下にしていたとはいうものの、「抗拒不能の状態にまで至っていたと断定するには、なお合理的な疑いが残る」として無罪に（高裁で逆転有罪判決が確定し、懲役七年の実刑が確定しました）。

四件の無罪判決のうち、三件は高裁で有罪判決が出ているとはいうものの、一審で全て無罪の判決が出ています。これほど加害者の非が明らかであっても、この「暴行脅迫」され、それに抵抗したことの有無とともに、徹底した抗拒不能状態であったことが実証されないと罪に問うことができないのです。

刑法に見られる家父長制の価値観

こう見てくると、二〇一七年に一一〇年ぶりに刑法が改正されたとはいうものの、条文においても、また、運用においても旧刑法における、家父長制度の価値観が影を落としていることがわかります。

家父長制の下では妻は夫に対する服従義務を有し、家の血統を守るために「貞操」を負わされ、家長以外の男性との性交が禁じられていました。そのために、強姦されそうになっても、家の血統と貞操を守るためには妻は死ぬほど抵抗しなければならず、被害者がどれだけ抵抗したか、あるいは抵抗することが著しく困難な状況にあったかが加害者を起訴するための要件になっていたのです。そして、それは二〇一七年の刑法の改正の際にも変わらなかったのです。

フラワーデモ

今のべた四件の事件で無罪判決が出た後、作家の北原みのりさんと編集者の松尾亜紀子さんが呼びかけ人になって、無罪判決への「抗議」の意思を示し、被害者への＃With You の声を届けるために、二〇一九年四月一一日に東京駅前行幸通りに花を持って集まるフラワーデモが始まりました。性暴力被害者たちが公道で人前に立ち、自らの被害体験を語る場になり、日本社会が性暴力の実態を知る転換点となったと言われています。最初は東京・大阪だけの開催でしたが、五月には福岡が加わって三都市、六月には北海道や鹿児島などを含む一二都市で開催され、二〇二〇年三月にはすべての都道府県で運営組織が立ち上がりました(12)。

刑法の付帯決議

二〇一七年の刑法の改正時には、「政府はこの法律の施行後三年を目途として、性犯罪における被害の実情、この法律による改正後の規定の施行の状況等を勘案し、性犯罪に係る事案の実態に即した対処を行うための施策の在り方について検討を加え、必要がある時は、その結果に基づいて所要の措置を講ずるものとする」という付帯第九条が付け加えられました。そして、その改正に向けて議論が行われ、二〇二三年三月、性犯罪規定を見直す改正案が閣議決定されました。

以下では、ＮＨＫのアンケート調査の結果を用いて、改正案が果たして被害者救済につながるものであるのかどうかについて見ていきたいと思います。

性交同意年齢の引き上げ

現在、日本の刑法では、性交同意年齢が一三歳になっています。一三歳になると、どのような性的暴行を受けたかを自分で具体的に説明しなければなりません。親（監護者）からの性虐待はこの対象ではありません。

ちなみに一三歳という年齢は、明治時代から変わっておらず、他の国に比べても低いだけでなく、低かった国でも多くは、年齢の引き上げを行っています(13)。今回の改正では性交同意年齢を一六歳に引き上げ、一三〜一五歳の場合には年齢の差がプラス五歳のものを処罰の対象とすることになりました。しかし、なぜ年齢差が五歳未満であれば処罰の対象とならないのかは明らかにされていません。

ＮＨＫのデータを見ると、性暴力被害者の約七割が未成年であり、不同意の性被害にあっていることを考えると、性交同意年齢の引き上げは妥当だと思われます。

しかし、年齢差が五歳差未満であれば処罰の対象としないということはどうでしょうか。データで一三歳から一五歳の間に被害にあったサンプル五七九九件を取り出し、加害者の分布を見てみると、友人からの被害が四〇九件（七・三％）、同級生・後輩五二八件（九・一％）となっており、一三～一五歳の場合に年齢差が五歳未満を処罰の対処としないということの根拠が曖昧であることがデータからわかります。被害の実態を反映した法改正が必要になっています。

性犯罪に関する公訴時効の撤廃

二〇一七年の改正で監護者による性虐待は暴行や脅迫がなくても処罰されることになりました。しかし、現在の刑法では、強制性交罪・準強制性交罪の公訴時効の時期は一〇年から一五年に、強制わいせつ罪は七年から一二年に引き上げる改正案が提出されています。なお、一八年未満で被害を受けた場合には、一八歳になるまでの期間をそこに加算して計算します。

強制性交罪に当たる、性器や器具や異物を挿入された被害者を対象に、公訴時効が一〇年から一五年に伸びることで、どのような影響があるのかをNHKのデータで見てみました。現行の公訴時効が一〇年の場合は、四四・二％の被害者は時効により訴訟を起こすことができませんが、刑法が改正されて一五年に延長されると、その割合は二六・七％に減少します。過去に遡って訴訟が起こせる被害者が増えるという点では改正は評価できますが、それでも四人に一人の被害者は公訴時効により泣き寝入りをせざるをえません。公訴時効の撤廃が必要なことがわかります。

二〇二二年一〇月二六日に広島市の四〇代の女性が七〇代の父に受けた性被害を訴えた（民事）訴訟の判決が出されました。広島地裁は子供の頃の父親からの性被害によってＰＴＳＤを発症したことは認め、父には損害賠償責任があるとはしたものの、最後の性的行為から二〇年以上たっており、除斥期間（不法行為から二〇年以上たつと権利が消滅すること）を過ぎていることを理由に賠償請求を棄却しました。

ＮＨＫのデータでは一三・五％の性暴力被害が配偶者以外の家族や親族からの被害であることはすでに述べました（図3－2）。特に幼少期に親から性被害を受けた場合は、言語的にその体験を認識する能力をもたないままに記憶されるので、時間とともにその記憶が鮮明になりフラッシュバックによってそれを再経験すると言われています。また、その記憶が長い時間をかけて突然よみがえることも珍しくなく、性犯罪に時効を設けること自体に無理があるように思われます。性犯罪に関する公訴時効の撤廃が必要ですし、民事訴訟の場合でも、性被害の実態を理解した上で、被害者の長い間の苦しみに寄り添った判決が下される必要があるのではないでしょうか。

「暴行や脅迫」「抗拒不能」要件の妥当性

今回の刑法改正の最大の焦点は、性犯罪の規定の見直しにありました。現在、性犯罪と認定されるためには、加害者が性行為の前に「暴行又は脅迫」し、それに対して抵抗したこと、あるいは、（酒や薬などを飲ませるなどして）抵抗できないほどに「心身を喪失」させられた結果、「抗拒不能」であったことを証明しなければなりません。被害者に「抵抗する義務」が暗黙のうちに課されているのです。この要件があるために、性犯罪者が検挙されにくく、また、罪を問うことが難しいとされてきました。

それでは実際の性暴力において、加害者はどのような言動をしているのでしょうか。

ＮＨＫのアンケート調査を見ると、加害者が「凶器は使用していないが、脅迫や暴行をした」という回答は全体の四・一％、また、凶器を使用していたという回答は全体の一％に過ぎません。つまり、この要件を理由に加害者を検挙できるのは実際に起きた性暴力の五％に過ぎないということになります。

それでは加害者は実際にどのような言動をしているのでしょうか。一〇％以上の回答があったものについて上位から見ていくと

「何も言わず突然性暴力をした」（五八・三％）
「だんだんと体を触らせる行為を増やした」（二五・五％）
「予想していない言動をした」（二二・四％）
「だまして人から見えない場所、人のいない場所に連れ込んだ」（一五・七％）
「その行為を愛情表現だと言った」（一四・五％）
「自分のしていることが正しいことだと言った」（一〇・五％）

となっています。ここからわかるように六割以上のケースでは、突然行為に及んでいます。

抵抗しているのは二割

同時に、体やことばで抵抗したかどうかを聞いていますが、ことばでも体でも抵抗できた件数は約二割（女性二二・四％、男性一六・〇％）に過ぎません(15)。

なぜなのでしょうか。思いがけない事態に遭遇した時に起きる本能的反射反応で心身が麻痺する「凍りつき」現象がおき、体が「擬死状態」に陥るからだと言われています。

伊藤詩織さんは著書『Black Box』の中で、それを以下のように説明しています。

「ストックホルムのレイプセンター」の調査によると、七〇%のレイプ被害者が被害にあっている最中、体を動かすことができなくなる、拒否できなくなる、解離状態に陥るなどの、「Tonic Immobility」と呼ばれる状態になる。「Tonic Immobility」を直訳すると「擬死」、つまり動物が危険を察知して死んだふり状態になるということだ」（伊藤　二〇一七：一七五）。

ポリヴェーガル理論

同様のことはポリヴェーガル理論によって説明されています（花丘編著　二〇二一）。

人間の自律神経は、三つの枝に分かれていて、交感神経系は仕事やスポーツをする時に、また副交感神経系は休んだり食事で消化吸収する時に優位に働きます。この後者はさらに二つの神経系に分かれています。腹側迷走神経系と背側迷走神経系です。

そして、私たちの究極の生き残り戦略として、生命の危機が起きた時に無意識のうちに背側迷走神経がブレーキの役割を果たして、凍りつき現象が起きるのです（花丘　二〇二一：五〇）。例えば、サバンナでチーターに襲われた動物は、背側迷走神経の動きによって凍りつき現象が起きて心拍も呼吸もゆっくりになります。それによって、失血死を免れ、生存の可能性が高まると同時に、捕食されてしまった場合でも、痛みが感じにくくなります。同じことが性被害の際にも起きているということです。

凍りつき現象が起きることで、起きている事態に対して無反応になり、助けを求めると言った行為ができなくなってしまうのです。これは、体の無意識の反応なので理性や意志でコントロールすることができません。

さて、被害時に起きると言われる「凍りつき」現象はアンケート調査の結果から実証できるのでしょうか。アンケート調査の「被害時の自分の気持ち」について尋ねた回答を見てみましょう。複数回答のうち、多く挙げられていた項目から順に並べてみました。

「自分に何が起きているのかわからない状態だった」（五八・三％）
「予想していない言動があり驚いた／どう反応すればいいのかわからなかった」（四四・九％）
「頭が真っ白だった」（三二・五％）
「現実ではないような感じがした、自分が切り離されているような感覚があった」（二四・三％）
「（薬やお酒等の影響で）意識がなかった、あるいは眠っていた、酔っていた」（一・二％）

次に体の状態について聞くと、

「体が動かなかった」（三八・八％）
「汗をかく、震える、心臓がドキドキするなどの身体反応があった」（二五・五％）
「感覚がマヒしていた、何も感じられなかった」（一〇％）

となっています。

ここからわかるのは、多くの被害者が体でも言葉でも抵抗が難しい状況に陥っていることです。つらい体験をした人が自分の体と心を切り離す「解離」状態にあったと回答している割合は二四・三％でした。ちなみに一八歳未満を対象とすると、この数字は三七・五％となり、未成年時に被害にあうと解離の症状が現れやすく、未成年への性虐待は生涯にわたって大きな心身に影響を及ぼすことがわかります。

さらに、刑法では、（薬やお酒などの影響で）心神を喪失して抵抗できなかった（抗拒不能）場合には（抵抗できなくても）加害者を起訴することができますが、そのような件数は全体の一・二％に過ぎません。実際には、予想もしないことが起き、心身ともに凍りつき現象が起きるために、神経系統がマヒして抵抗ができない状態になっているのです。

刑法改正案

今見てきたように現行の性犯罪規定の要件は、実態にそぐわず、そのために無罪判決が出やすいなどの問題があり、特に被害者から見直しを求める声が続出し、法制度審議会で昨年から議論を続けていたのですが、最近、改正案がまとまりました。

現行の刑法では、「暴行・脅迫」を要件とした強制性交罪と、酒や薬を飲ませて「心神喪失・抗拒不能」にする準強制性交罪に分かれていましたが、今回の改正では両罪が統合され、強制性交罪となりました。その後、法務省は刑法の名称を「強制性交罪」から「不同意性交罪」に変更することを決めました。その理由として、同意のない性交は処罰の対象になるというメッセージを打ち出すためとしています。また、「暴行・脅迫」を要件としていた現行法に対して、今回の改正案では「同意しない意思の表明などが難しい状態にし、性的な行為をしたこと」に変更しています。

さらに、処罰内容を明確化するために、次の八項目を構成要件として条文を設けています。

八項目とは(15)。

一　暴行や脅迫を用いること

二　心身に障害を生じさせること

三　アルコールや薬物を摂取させること
四　睡眠、そのほか意識が明瞭でない状態にすること
五　拒絶するいとまを与えないこと
六　予想と異なる事態に直面させ、恐怖させたり驚愕させたりすること
七　虐待に起因する心理的反応を生じさせること
八　経済的・社会的関係上の地位に基づく影響力によって受ける不利益を憂慮させること

です。

加えて、子供の性被害を未然に防ぐために、

「グルーミング罪」（手なずけ行為の禁止）―わいせつ目的を隠して子供に近づきSNSなどで子供を手なずけて心理的にコントロールする行為に対する罪

「撮影罪」―わいせつな画像を撮影したり、第三者に提供したりする行為の禁止

が新設されました。盗撮行為はこれまで都道府県ごとの迷惑防止条例によって禁じられてきましたが、「撮影罪」が新設されることで統一的な運用が可能になりました。

5　強姦神話と不十分な被害者への支援

強姦神話と二次被害（セカンドレイプ）

日本に存在する強姦神話についてはすでにのべました。被害にあった本人に落ち度があったから被害にあったという社会に蔓延する根拠のない神話のことを言います。

実際被害者の多くがこの根拠のない神話に基づいて、二次被害にあい、さらに苦しむ様子がアンケート調査の結果からも浮かび上がってきています。ちなみに、文末に二つの数字を記載しましたが、後者は加害者が顔見知りに限定した場合の数字です。

表3-2にあるように、「たいしたことはないよ」「よくあることだ」など矮小化するようなことを言われた（二三・五％）（二五・六％）。

被害に関して「もう忘れた方がいい」など「なかったこと」にすることをすすめるようなことを言われた（一四・九％）（一六・九％）。

「男ってそういうもの」「酔っていたなら仕方ない」など加害者を擁護するようなことを言われた（一三・八％）（二〇・二％）。

表 3-2　被害後の周囲の反応（出典：NHK みんなでプラス「性暴力を考える」より）

	全回答	顔見知りからの被害
「たいしたことはない」「よくあることだ」など矮小化するようなことを言われた	23.5	25.6
「もう忘れたほうがいい」など″なかったこと″にすることをすすめられた	14.9	16.9
「相手が酔ってたなら仕方ない」など加害者を擁護するようなことを言われた	13.8	20.2
「あなたが魅力的だったから」など肯定的に捉えるようなことを言われた	13.7	16.5
「ちゃんと断らなかったんじゃない？」「抵抗しなかったから」など責めるようなことを言われた	11.7	15.6
被害に関して傷つくことを直接言われた	7.5	9.1
SNS などネット上の書き込みに傷ついた	5.4	6.2
マスコミの報道に傷ついた	2.6	3.3
被害後の周囲の反応で傷ついたこと・困ったことはない	25.1	19.8

「あなたが魅力的だったからだよ」など肯定的に捉えるようなことを言われた（一三・七％）（一六・五％）。加害者が顔見知りの方が、（性暴力を）なかったことにするという社会の圧力がより強く働いていることがわかります。

それでは傷つける発言をしたのは誰かということですが、親（二七・四％）（二八・六％）、友人（二〇・一％）（二一・五％）、職場の人（一三・五％）（一八・八％）の順になっています。

親を父親と母親に分けると、母親からの発言に傷ついたという回答が多くなっているのも興味深いです（父親：五・四％、母親：一六・一％）。

強姦神話の恐ろしいところは、そのような神話が、被害者に沈黙を強いてしまうだけでなく、被害者の声を排除することで社会全体で性暴力を容認してしまうことにつながることです。伊藤詩織さんが『Black Box』を出版した時に、初めての読者からの手紙には、女性が少数派で、声を上げることができなかった自身の経験が、丁寧な言葉で綴られていたそうです。

作家の井上荒野さんは、小説を書きながら、自分も加担していないというわけではないということを意識して作品を生み出したと述べています。「中傷する人、擁護する人たちの心理」その両方を自分の中から取り出して小説を書いたような気がする。「誰もがその空気を醸造しているということ」そのことに気づきながら、被害者が声をあげやすい社会を作っていくためにはどうしたらいいのかを考えていきたいと述べています（筆者との私信）。

確かに、私たちが生活している社会そのものの価値（空気）が、無意識のうちに二次被害を生み出しているように思います。だから仕方がないということではなく、それによって声をあげた被害者が二次被害にあい、社会全体で被害者が声をあげにくい風潮が作られていることをはっきり自覚し、性暴力を容認しない社会を作る必要があるのだと思います。

不十分な支援体制

アンケート調査では、被害のことを誰に話したかについて聞いています。
身近な人（家族、友人、パートナー、知人など）（六〇・七％）
教師など学校関係者（五・四％）
性暴力の専門家や支援団体ワンストップ支援センターなど（二・三％）
医療機関（二・二％）
弁護士や法務局など法の専門家（〇・九％）
警察（一〇・〇％）
誰にも話していない（三一・三％）
（出所：ＮＨＫアンケート調査より）

性被害にあったにもかかわらず、誰にもそれを話していない人が三一・三一％いました。なお、内閣府の調査では、四割以上の被害者が誰にも相談していないと回答しています。

なぜ被害を話さなかったのか、自由記述欄の回答を見ると、恥ずかしい、性被害だと認識するのに時間がかかった、加害者が親族だから、言ったら報復があり怖い、信じてもらえないと思った、思い出したくなかった、相談先を知らない、話しても何も解決しない、などとなっています。

また、ワンストップセンターに行っている人は二・三%、医療機関に行っている人は一・二%と少なくなっています。被害者への支援体制が不十分であることも同時にわかります。

伊藤詩織さんの著書『Black Box』の中でも性暴力被害にあった後に、検査をしてくれたり、相談に乗ってくれたりするところを探したが、適切な支援を受けられるところが見つけられなかったことが書かれています。

他方、この章の冒頭で記事を引用した卜田素代香さんは、治療を受け、証拠保全をしてくれる医療機関にたどりついたことで、検察が加害者を起訴することができたことから、被害にあった時にどうしたらいいのかについての知識をもつことの重要性を強調しています。

私たち一人ひとりが知識を持つことが重要であるとともに、第2章でお話をうかがった「なごみ」のような被害後すぐに対応ができる救援センターが全国に設立される必要があることがここからわかります。

伊藤詩織さんも、著書で、被害後には救急外来にいくことの重要性を強調し、スウェーデンにあるレイプ緊急センターを訪ねた際には、誰にも顔を合わせずに受付をして処置室につけるように配慮がなされていることを指摘しています。「日赤なごみ」でも同じような配慮がされています。

また、レイプ緊急センターで検査を受けたのち、採取した証拠は六ヶ月間病院に保存され、被害者の約半数は、その期間内に警察に届けるとのことです（伊藤　二〇一七：一六九）。

日本では、性暴力にあった被害者が警察に届け出る件数が諸外国に比較して少ないと言われています。ＮＨＫのアンケート調査の結果を見ても、被害者の中で警察に届け出ているのは二・二％にすぎません。

例えば強姦の件数は、一番数の多いオーストラリアが人口一〇万人につき九一・九件であるのに対して、日本では一・一件と低くなっていて、一見性被害が少ないように見えます。しかし、それは、そもそも被害を受けて警察に届けても受理されなかったり、相手にされなかったりしているからなのです(16)。

警察に相談しても相手にされなかった（一七・七％）、「被害についての事情聴取など捜査がされたが、被害届が受理されなかった」（二九・一％）、「被害届が受理されたが、加害者は送検されなかった」（三四・一％）となっており、「加害者が有罪になった」のは全体の一〇・八％にすぎません。刑法における性暴力被害の定義が実態に即したものではないことが低い有罪率につながっていると思われます。

6 声を上げた被害者たちによって変化が始まっている

森美術館の特別展「地球がまわる音を聴く：パンデミック以降のウェルビーイング」（二〇二二年一一月二〇日まで開催された）にアーティストの飯山由貴さんが「私たちは「男の人だから、それくらい」って見なかったことにしてきた。けど「自分は傷ついた」と言っていい」と書いたネオンサインを展示しています。作者が被害女性プログラムに参加した際につよく印象に残った言葉を、発言者の手で書いてもらい、それをネオンサインにしたとのことです。今被害を受けた女性たちが、自分が傷ついたことを言ってもいいということに気づき始めたのではないでしょうか。

フラワーデモの呼びかけ人で作家の北原みのりさんは、「これまでも（被害者からの）声は上がっていたが」今は「太い流れができてきている」（朝日新聞二〇二二年七月一七日朝刊）と述べています。

声をあげた被害者によって性暴力がもたらす心身への影響の深刻度が今回ＮＨＫの調査の分析によって、明らかになりました。性暴力被害は一度きりではなく、多くの被害者は継続して被害にあっています。また、最も衝撃を受けた被害の年齢は、予想をはるかに超えて低年齢です。このような被害にあえば、一生が台無しになることはすでに多くの症例によって明らかにされています（第2章）。

今回の刑法の改正では、性犯罪に関する名称が、「強制性交罪」から「不同意性交罪」に変わります。

性暴力における不同意性交とは、

一　事前に上下関係が形成されており、場合によってはハラスメントがある。

二　被害者側は心理的または社会的に抗拒不能になっている。

三　性交前に同意の意思確認が全くされないか、不同意の意思表示が無視されている。

ことを言います。

また、性被害にあった場合の支援体制が十分ではなく、国が提供するワンストップサービスの利用者も少なく、警察の対応にも問題があることもわかりました。

性被害に対応できる看護師の育成や、トラウマ治療ができる専門家の育成、関係機関と連絡を取り合いながら被害者を支援できるソーシャルワーカーの育成などを進めるとともに、国の予算を投じて急性期（被害にあって七二時間以内）の対応ができる病院拠点型ワンストップ支援センターを増設することが必要です。

社会の理解が決定的に不足している

　そして、何よりも重要なのは、社会の強姦神話の存在に気づき、性暴力被害に対して正しい理解をすることです。「被害にあったのは被害者に落ち度があった」という間違った考え方が根強くあり、その結果、声をあげた被害者が二次被害にあってしまい、被害者が声をあげにくい風潮が作られています。

　しかし、勇気をもって声をあげた性暴力被害者たちが今社会を変え始めています。この大きな時代の転換点に、私たちはより平等な社会の形成に向けて舵を切ることができるのか。それは私たち一人ひとりの性暴力に対する理解と、その向き合い方にかかっているように思われます。

（1）日本ペンクラブ主催のイベント『日本の性暴力を考える』（第一回被害者の視点から二〇二二年一二月一八日）での発言。
（2）番組の内容については以下に詳しい。
https://www.nhk.jp/p/special/ts/2NY2QQLPM3/blog/bl/pneAjJR3gn/bp/pYK2P3B1LQ/
（3）国連経済社会局女性の地位向上部『女性に対する暴力に関する立法ハンドブック』
（4）「〝性暴力裁判〟被害女性が語った15分のことば」『NHK 性暴力を考える　Vol. 167』二〇二二年四月一五日

https://www.nhk.or.jp/minplus/0026/topic054.html

（5）「性暴力実態調査アンケート　わたしが回答する理由」
https://www.nhk.or.jp/minplus/0026/topic053.html

（6）https://www.nhk.or.jp/minplus/0026/topic072.html

（7）令和三年度事業若年層に対する性暴力の予防啓発相談事業『若者層の性暴力被害の実態に関するオンラインアンケート及びヒアリグの結果』報告書、二〇二〇年六月、
http://www3.keizaireport.com/report.php/RID/500078/

（8）https://www.nhk.or.jp/minplus/0026/topic076.html

（9）https://www.nhk.or.jp/minplus/0026/topic036.html

（10）https://www.nhk.or.jp/minplus/0026/topic076.html

（11）日本ペンクラブ主催のイベント『日本の性暴力を考える』第一回被害者の視点から（二〇二二年一二月一八日）での発言。

（12）https://www.nhk.or.jp/minplus/0026/topic043.html

（13）https://www.nhk.or.jp/minplus/0026/topic029.html

（14）https://www.nhk.or.jp/minplus/0026/topic061.html

（15）「性暴力被害者の声は反映されるか　「刑法改正」の最新状況」『性暴力を考える Vol.196』
https://www.nhk.or.jp/minplus/0026/topic086.html

（16）https://www.jijitsu.net/entry/seihigai-ansuu-nihon

第4章　職場における性暴力

前の章では、性暴力とは何か、その実態を知るとともに、それがどのような影響を社会や経済に与えているのかについて見ていきました。

この章では、職場でもたらされる性暴力、セクハラ（セクシャル・ハラスメント）についてみていきたいと思います。皆さんの記憶に新しいのは、訓練中に性被害にあったと第三者委員会に調査を求めた元自衛官五ノ井里奈さんの事例ではないでしょうか。事態を把握し、謝罪するまでに時間はかかりましたが、最終的にセクハラが起きたことを認め、謝罪した上官に対して、しばしの沈黙の後に「私は夢を持って自衛隊に入隊しました」と話し始めた五ノ井さんの目にはうっすらと涙が浮かんでいました。

夢を持って入った職場で被害にあい、自分の責任でもないのに職を辞さなければならないことになり、本当に悔しかっただろうと思います。いったん被害にあうとその後に、その後遺症によるフラッシュバックが起き、その記憶が鮮明に蘇り心に深刻な打撃を与えます。それ以前の自分にも、職場にも戻れないのです。なお、今回の事件以外にも、自衛隊内でパワハラやセクハラを受けていた事例が一四六件あったことが報道されています（朝日新聞二〇二三年八月三一日）（1）。また、二〇二三年二月には、別の女性自衛官が同僚からのセクハラ被害を訴えたにもかかわらず、自衛隊内で十分な対応がなされなかったとして国に慰謝料などを求める裁判を東京地裁に起こしています。これらのことから、自衛隊ではセクハラが日常茶飯事に行われていたことが推察されます。この章では、職場で起きている性暴力や性虐待、嫌がらせやからかいについて見ていきます。

1 セクシャル・ハラスメントの規制

セクハラは、英語のセクシャル・ハラスメントの略で、セクシャル・ハラスメントという言葉は、上司からの性的圧力を表現する言葉として、一九七五年にニューヨークタイムズ紙が使用したのが最初だと言われています。その後アメリカの連邦最高裁がセクシャル・ハラスメントを違法だと判断したことで（ヴィンセント事件）、これが性差別として認知されるようになりました。それ以前は、セクシャル・ハラスメントは個人的な性的な誘いにすぎず、公民権法第七編（アメリカの雇用差別を禁じる法律）違反とは言えないとされてきました（浅倉　二〇二二：一四二）。

日本では一九八九年に福岡で初めてセクハラを争点にした裁判が起こされ、「セクシャル・ハラスメント」という言葉はその年の流行語大賞を受賞しました。提訴から二年半後の一九九二年に出た判決では原告の全面勝訴となり、元上司だけでなく、その防止に努めなかった会社にも損害賠償請求が認められました。アメリカのヴィンセント事件が参考にされたとのことです（浅倉　二〇二二：一四三）。

均等法の改正によるセクハラ規制

一九九七年には男女雇用機会均等法が改正され、セクハラに関する規定が設けられ、一一条で「職場において行われる性的な言動で女性の対応によりその労働条件につき不利益を受けること、またはその性的な言動により当該女性労働者の職業環境が害されること」（均等法一一条一項）があってはならないとして、企業にセクハラ防止に対する配慮義務があることが明記されたのです（2）。

その後、二〇〇六年（平成一八年）と二〇一六年（平成二八年）に二度改正され、二〇〇六年の改正では、セクハラを「配慮義務」から「措置義務」（必ず守らなければいけない義務）に改正し、男性もセクハラの被害の対象に追加されました。

また、二〇二〇年六月には男女雇用機会均等法に基づく「改正セクハラ指針」を施行し、取引先など社外で起きたセクハラでも適切な措置を講じることが企業に義務付けられました。

会社は被害の相談を受けた場合には速やかに調査を行い、事実関係を確認し、事実だった場合には取引先に、自社の再発防止措置に協力してもらうよう要請する必要があります。

二〇二〇年以前のことですが、実際に取引先でセクハラにあい、上司に相談したものの上司は相手先を慮って優柔不断な態度を取ったために、被害者は仕事をやめるという選択をしたという話を聞いたことがあります。今回の改正で、このようなことは、会社の義務違反になり、行政指導や企業名の公表などのペナルティーの対象になるということです。また、被害者は自社に対して「安全配慮義務違反」として民事訴訟を起こすこともできます。

セクハラの定義と種類

ここでいうセクハラは「職場において行われる性的言動」で、二つの種類があり、一つが「対価型」もう一つが「環境型」と言われるものです。

対価型とは、セクハラ（意に反する性的言動）行為に対して、拒否したり抵抗したりしたことを理由に（被害者が）解雇されたり、契約の更新を拒否されたり、昇進の対象から外されたりしてはならないということです。

環境型とは、意に反する性的言動によって就業環境が不快になり、能力発揮に重大な支障が出る場合のことを言います。

なお被害者には、女性のみでなく、男性も含まれます。また、被害者の性的指向や性自認にかかわらず措置義務の対象になります。

雇用形態に関わらず、全ての労働者に適用される法律で、セクハラの行為者（加害者）には、事業主、上司、同僚に限らず、取引先、顧客、患者、学校の生徒などが含まれます。

性的な内容の発言

性的な事実関係を尋ねること、性的な内容の噂を流布すること、性的な冗談やからかい、食事やデートへの執拗な誘い、個人的な性的体験談を話すことが性的内容の発言に含まれます。

性的な行動

性的な関係を強要すること、必要なく身体へ接触すること、わいせつ図画を配布・掲示すること、強制わいせつ行為、強姦などが含まれます。

マタニティー・ハラスメント

二〇一六年の改正では、妊娠・出産・育児休暇に関わるハラスメント「マタニティー・ハラスメント（マタハラ）」が、事業主の措置義務規定として加わり（均等法一一条の三）、二〇一九年の改正では、それを相談したことを理由に解雇されるなどの不利益取扱いが禁止事項になっています。

ケア・ハラスメント

二〇一六年、育児介護休業法の改正によって、育児休業や介護休業を取得したことを理由とするハラスメント（いわゆるケア・ハラスメント）防止の措置義務規定が設けられました（育児介護休業法二五条一項）。二〇一九年改正では休業を取得したことを理由に不利益な取扱いを受けることがないように不利益取扱い禁止規定ができました。

パワーハラスメント（パワハラ）

職場でのいじめや嫌がらせが増えていることから、二〇一九年には労働施策総合推進法が改正され、事業主のパワーハラスメント防止の措置義務が規定されています（労働施策総合推進法、三〇条の二第一項）。

パワーハラスメントとは、①職場における優越的な関係を背景とした②業務上必要かつ相当な範囲を超えた言動により③労働者の就業環境を害すること、と定義されています。

事業主が講ずべき措置

さまざまな法改正によって、事業主は、職場においてセクハラやマタハラ、ケアハラ、パワハラを防止するために、①雇用主が方針を明確化し、周知し啓発をすること②相談窓口を設置するなど、相談に応じて適切に処理するための体制を作ること、③事後の迅速かつ適切な対応、が義務付けられています。

なお、最近の動向として特筆すべきは、企業のハラスメントの防止義務は、企業との間で業務委託契約を締結したフリーランサーにも適用されるということです。二〇二二年五月二五日の東京地裁の判決で、企業は業務委託契約を締結したフリーランス（事業受託者）にも「職場環境配慮義務」や「安全配慮義務」があると判定しています。

均等法の限界

以上述べてきたように度重なる均等法の改正や民事裁判によって損害賠償が認められるなど、

セクハラに関する社会の関心は以前に比べて高くなってきています。しかし、均等法の限界も指摘されています。

中央大学山田省三名誉教授は「男女雇用機会均等法は企業などにセクハラ対策を義務付けるが、日本には行為そのものを禁じて罰する規定はない。実際にセクハラにあった被害者が直接、加害の法的責任を問えるような法整備を検討すべき」と述べています(3)。

早稲田大学の浅倉むつ子名誉教授は、都道府県の雇用環境・均等室に寄せられたセクハラに関する相談件数は七〇七〇件にものぼり、是正指導件数は二〇三二件あるのに対して、紛争になって援助を申し立てた場合の受理件数(六三件)や調停を申請した場合の受理件数は四二件と極端に少ないことから、行政はあくまで企業が措置義務に違反していないかを判断するのであって、実際に加害者の行為がセクハラ行為であったかどうかを認定することはできない。行政による紛争解決援助は双方の合意を探るにすぎず、相手からの謝罪や再発防止については、民法上の不法行為として裁判で争って加害者に損害賠償を求めるしかない。ここに均等法の限界があると述べています。(浅倉　二〇二〇：一五七、図表六-二)。

二〇一八年四月に週刊誌で女性記者へのセクハラ疑惑が報じられ、その後当時の財務次官が辞任した事件については記憶に新しいのではないでしょうか。当時の麻生外務大臣が外遊先のマニラでの会見で「セクハラ罪」という罪はないと発言し、大きく報じられました。エッ？と思った読者も多いと思いますが、確かに日本では、セクハラ行為を禁じる法律がないのです。だからセクハラをしてもいいのだという話ではなく、そのこと自体が問題で、労働者を代表する連合（日本労働組合総連合会）や、浅倉名誉教授は、最終的には日本がＩＬＯ条約「労働の世界における暴力とハラスメント撤廃に関する第一九〇号条約と同二〇六号勧告を採択すべきだと述べています。

この条約では、暴力とハラスメントを、単発か反復かは問わず、「身体的、心理的、性的、経済的「害悪」をもたらすか、あるいはその恐れのある「一定の行為・慣行・脅威」と定義し、加盟国にそれを法律で禁止すること、また、被害者救済措置などを定めることを求めています。その（被害者）対象となる人もボランティアや就活中の人など幅広く包括し、労働世界のハラスメントを根絶することを目指しています。

このような法律ができれば、新たなハラスメントが起きるたびに法律を改正してそれぞれのハラスメント行為を禁止する必要はなくなるわけです。

裁判の動向

職場でセクハラにあってしまったら、裁判を起こして加害者や会社を相手に訴訟を行うことができます。日本では刑事裁判のハードルが高いことはすでに前の章で論じました。加害が認められるには、被害者が暴行や脅迫を受けそれに抵抗したことやそれができないほど衰弱した状況にあった「抗拒不能（身体的または心理的に抵抗するのが著しく困難な状況にある）」の立証が必要ですし、警察に相談してても受けつけてもらえないケースも多く、起訴率は三割にとどまっているからです（浅倉　二〇二二：一四九）。

他方、民事裁判の場合には加害者に対する損害賠償が提起され、会社もまた使用者としての責任や債務不履行責任が問われます。

例えば、最近の例では、求職中に起きたセクハラ事件ですが、ジャーナリストの伊藤詩織さんが元ＴＢＳテレビの政治部記者に性的暴行を受けたと訴えた事件で、二審の東京高等裁判所は「伊藤さんの供述は具体的で一貫しており、信用できる。同意がないのに性行為を行ったと認めるのが相当だ」と指摘し一審同様、三三二万円の賠償を命じました。他方、食事中にデートレイプドラッグを使われたとの訴えは退けられ、加害者に対する名誉毀損・プライバシーの侵害で、伊藤さんに五五万円の賠償が命じられました。双方が不服として上告しましたが、最高裁判所は二〇二二年七月二〇日に控訴を退ける決定を下して、二審の判決が確定しました。

2　増える就活セクハラ

最近は、就活中の女子学生に対するセクハラも報道されています。

二〇一九年二月、大手ゼネコンの大林組の若手社員が就活中の女子学生を自宅マンションに連れ込んでわいせつ行為をしたとして逮捕されています。また、三月には住友商事の男性が女子学生に飲酒をさせて性的暴行をして逮捕されました。

厚生労働省の委託を受けて実際された二〇二〇年（令和二年度）のハラスメントの実態調査によれば、就活やインターンシップを経験した二〇一七年～一九年卒業の男女（一〇〇〇人）のうちセクハラを受けたと答えた人が二五・五％（男性二六％、女性二五・一％）にのぼりました。セクハラの内容は「性的な冗談やからかい」（四〇・四％）が最も多く、「食事やデートへの執拗《しつよう》な誘い」（二七・五％）が続いています（複数回答）。選別する企業と選別される学生の力の差を背景に、ハラスメントが横行していることがわかりました。多くはインターンシップに参加した時に被害にあっています。その結果、半数が「怒りや不満、不安などを感じた」（四四・七％）、「就職活動に関する意欲が減退した」（三六・九％）と回答しています。また、経験の頻度が高くなると「通院した」「入院した」「学校を休むことが増えた」という回答が増え、個人の生活に深刻な影響を及ぼしていることがわかります。

被害がインターンシップなどで多く見られるというものの、オンライン面接で、全身を見せてと言われたり、恋人がいるか、などと聞かれたと言う例も報告されています。また、面接で応募した女性に対して「付き合っている人がいるのか」や、結婚や妊娠の予定などを聞くこともあるとされます。

現行の男女雇用機会均等法が適用される対象は、雇用されている労働者に限られているのですが、就活生へのハラスメント防止の対応は二〇二〇年六月の法律改正の際に、付帯決議として盛り込まれ、二〇二二年三月以降から実施されています。そこに示されたのは指針で、措置義務にはなっていません。

今後は、ハラスメントの防止や対策について法的義務を課す必要があります。読者の皆さんの中で、就活中にハラスメントかもと思ったら、各都道府県の相談窓口や大学のキャリアセンターに相談してみることをお勧めします。

3　実態調査の結果から見えてきたこと

二〇二〇年（令和二年度）に行われた「職場のハラスメントに関する実態調査」（4）の中の、企業調査（従業員三〇人以上の企業と団体）の結果を見ると、過去三年間で従業員から相談があった企業は、パワハラ（四八・二％）、セクハラ（二九・八％）、顧客からの著しい迷惑行為（一九・五％）、妊娠・出産・育児休業等ハラスメント（五・二％）、介護休業ハラスメント（一・四％）、就活セクハラ（〇・五％）となっていて、相談件数の約半数はパワハラ、三割がセクハラ、二割が顧客からの迷惑行為となっています。過去三年の推移を聞いたところ、セクハラは相談件数が減少しているという回答が多かったものの、その他のハラスメントの件数は変わらないという回答が最も多くなっています。

また、八割の企業がハラスメント防止のための方針の明確化と周知・啓発、および相談窓口の設置と周知をしているものの、相談内容の状況に応じて適切に対応できるようにしていると回答した企業は四割にとどまっています。

つまり、措置義務のうちの方針の明確化や相談窓口の設置は多くの企業が行っているものの、適切に対応できるような対策をとっている企業は少なく、ここに課題があることがわかります。

次に全国の二〇～六四歳の男女労働者八〇〇〇人を対象とした個人調査の結果を見ると、過去三年間にパワハラを一度以上経験した割合は三一・四％、セクハラは一〇・二％、顧客からの著しい迷惑行為を一度以上経験した者の割合は一五％でした。

セクハラの加害者は上司の割合が高く（五五・二％）、会社の役員（二一・六％）、同僚（二一％）となっています。

受けたセクハラの内容は「性的な冗談やからかい」（四九・八％）が最も多く、次いで不必要な身体への接触（二二・七％）となっています。

セクハラを受けたことによる心身の影響については、「怒りや不満、不安などを感じた」の割合が最も多く、つづいて、「仕事に対する意欲が減退した」となっています。

しかし、社内の同僚に相談した（一八・三％）、社内の上司に相談した（一三・八％）、家族や社外の友人に相談した（一三・四％）ものの、四割の人はその後何もしていません。一人で抱え込んでいる人が多いのがわかります。また、一三・四％は会社を退職したと回答しており、深刻な影響を受けていることがわかります。

相談しなかった理由は、「何をしても解決にはならないと思ったから」が最も多い回答になっています。事実、セクハラがあったことを認めている企業は三〇・一％、判断せず曖昧にしている企業が四〇・二％となっています。

こうしたセクハラやその他のハラスメントの増加を背景に、均等法の改正が行われるとともに、パワハラなど新たなハラスメントを防止する義務が企業に課されることになりました。

また、何らかの対応をとっている企業の方がそうでない企業よりも発生率が低くなっています。被害者本人にとってはもちろんのこと、会社にとってもハラスメントは社員のモティベーションを下げ、業績にマイナスの影響を与えます。防止するための対応をとることが重要になっていることは間違いありません。

今紹介した調査の結果から、ハラスメントがどの程度起きているのか、どのようなタイプのハラスメントが多いのか、それに対して企業はどのような対応をしているのかと言ったことはわかるのですが、ハラスメントを受けて被害者がその後にどのような身体的、心理的影響を受けているのかと言うことはわかりません。

それを知るために、前の章でも使用した、NHKのアンケート調査を用いて、職場での性暴力による被害の実態を詳しく見てみたいと思います。

4　NHKのアンケート調査の結果から見えたこと

NHKのアンケート調査については第3章ですでにのべました。ここではそのアンケート調査から加害者が、職場の上司・先輩、職場の同僚・後輩、仕事の取引先、客などの関係者と回答した人六一七二名を抽出し分析を行った結果を紹介します。

なお、加害者の九三・三%が男性で、被害者の九八・八%が女性で、全体の回答と比較すると、女性の被害者が多くなっています。

加害者の内訳を見ると、六九%が職場の上司・先輩、一四・三%が職場の同僚・後輩、三七

%が仕事の取引先、客などの関係者となっていて、加害者の七割が職場の上司・先輩であり、セクハラには職場の上下関係が大いに関係していることがわかります。これはすでに紹介した厚生労働省の委託調査「ハラスメントの実態調査」の結果と似ています。

また、取引先でのハラスメントの防止配慮義務が二〇二〇年六月から均等法の改正で加わりましたが、被害の三割は取引先による被害となっています。

職場の風土の影響

データの分析をしている際に興味深い発見がありました。職場関係の人からセクハラ被害を受けたと回答している人は六一七二名なのに、加害者の内訳別（上司か同僚から仕事関係か）の被害者の数を足し合わせると、総数が七四二六名になりました。それは、被害者のうちの一二五四名は複数のカテゴリーにチェックを入れているからでした（5）。

さらに、加害者の人数を聞いた質問の回答者を見ると、四二・七%が加害者は複数人いたと回答しています。ここから、セクハラが必ずしも一人の加害者からの被害だけではなくて、複数人から被害を受けているケースがあることを示唆していると同時に、職場の中にそれを容認するような風土があることを示唆しています。

被害の実態

次にどのような被害を受けたのか、被害の実態について見てみましょう。アンケート調査では、最も衝撃を受けた性暴力について複数回答で聞いています。その内容を最も回答が多かった順に回答の割合が二割を超えているものを見ると、

衣服の上から体を触られた（七五・七％）
からかいなど性的な言葉をかけられた（六九・一％）
体を直接触られた（四五・八％）
あなたが望んでいないのに唇や舌などを体に当てられた（三六・〇％）
加害者の性器、胸などを見せられた（三五・九％）
加害者の性器、胸などを触らされた・押しつけられた（三一・四％）
性器や体の一部を自分の口、肛門、膣に挿入された（二五・四％）
あなたが望んでいないのに脱がされた（二一・二％）

となっています。厚生労働省のハラスメント実態調査では「性的な冗談やからかい」が最も多く、五六・五％がそう回答していました。NHKのアンケート調査でも七割の人がからかいなど性的な言葉をかけられたと回答しています。しかし、行為はそれだけにとどまっていません。最も多い回答は、「衣服の上から体を触られた」で被害を受けた四人に三人はそう回答しています。また、過半数は直接体に触られています。性器などを挿入されたと回答している人は四人に一人、（望まないのに）洋服を脱がされたという人は五人に一人もいるのです。

職場で起きているセクハラは、ただ単に性的な不快な言動にとどまらず、想像以上に深刻な行為にまで及んでいることがわかると思います。

加害者の行為とPTSDの状態である可能性の関係

見逃せないのが、被害にあった人の多くがPTSD（心的外傷後ストレス障害）の状態である可能性があるということです（6）。NHKのアンケート調査では、PTSDに相当する症状が現れているかどうかを見る指標として「改訂版出来事インパクト尺度（IES-R：Impact of Event Scale-Revised）」の日本語版を用いて、質問をしています。それをもとに、加害者の行為別に複数回答の上位一〇項目について計算したPTSDの状態である可能性の結果は次のようになっています。ちなみにこの結果は、全回答のうちから代理で家族などが記入した八五二件を除いた三万七五三一件をもとにしたものです。文末の数字はＰＴＳＤの状態である可能性を示しています。

脱がされた（七五・六％）
性器や体の一部を自分の口、肛門、膣に挿入された（七四・七％）
唇や舌などを体に当てられた（七二・五％）
盗撮された（六七・一％）
加害者に自慰行為を見せられた・手伝わされた（六六・四％）
体を直接触られた（六五・三％）
加害者の性器、胸などを触らされた・押しつけられた（六四・九％）
からかいなど、性的なことばをかけられた（六二・八％）
加害者の性器、胸などを見せられた（五八・三％）
衣服の上から体を触られた（五五・〇％）

となっています。この結果からも、からかいの言葉や性的なことばをかけられたり、衣服の上から体を触れられたりすることが深刻な影響をもたらすことがわかります。日本ではこれらは「わいせつ行為」や「淫らな行為」として軽く扱われる傾向がありますが、被害者がそのことによって被る心理的な影響は想像をはるかに超えたものであることを、これらの数字が示しています。

抵抗している被害者は四人に一人

第3章でものべましたが、日本の現在の刑法で、性暴力を受けたと認定されるためには体を張って拒絶したり、あるいはそれができないほど心神を喪失していたことを実証しなければなりませんが、被害時に体を使って抵抗した被害者は二三％と約四人に一人で、ことばで抵抗したり、拒絶の意思を伝えた人は三七％です。三二・五％は体を使って抵抗することはできなかった・しなかったと回答し、四九・三％は、ことばで抵抗したり、拒絶の意思を伝えたりすることはできなかった・しなかったと回答しています。

その時の気持ちを聞くと、「予想していない言動があり驚いた。どう反応すればいいのか、わからなかった」（五五・二％）、「自分に行われていることが何か、よくわからない状態だった」（五〇・一％）、「相手が自分よりも上の立場だったので断れなかった」（四五・七％）、「相手に合わせる、あるいは相手を受け入れないと、安全が守られない、ひどい目にあうと思った」(三七・六%)、「体が動かなかった。声が出なかった」(三六・九%)、「頭が真っ白だった」(三二・八%)の順番になっています。

上下関係を利用したエントラップ型性被害

ここから被害者に凍りつき現象が起きていることがわかります。全回答をもとにした結果と同じですが、相手が自分よりも上の立場なので断れなかったといった回答や相手に合わせないとひどい目にあうと思ったという回答は、全回答を対象にした結果よりも多くなっています。「相手が自分よりも上の立場なので断れなかった」(四五・七%)、「相手に合わせる、あるいは相手を受け入れないと安全が守られない、ひどい目にあうと思った」(三七・六%)は、それぞれ全回答では、一四・九%と二一・六%となっています。この結果から、加害者と被害者の間に支配関係が形成され、断れない状況が作られていることが推察できます。実際に何が起きているのでしょうか。

つぎに紹介するのは、齋藤梓・大竹裕子編著『性暴力被害の実際』で紹介されている事例です(齋藤・大竹 二〇二〇:四五)。

出張で、上司が飲酒した状態で、彼女と同室だった女性とともに部屋に押し掛けてきた。でも嫌、嫌だったんですけれどもその時点でその、自分はもう眠いし、寝る準備も整えているし。……上司とはいえ男性が入ってくることも不快ですし。……職場の先輩（女性）と上司（男性）ということもあって、ちょっと断れないなって。……普通に世間話みたいなことをしてるんですけど、そのうち何か様子がおかしくなってきて。その男がその女性にキスしたりとか。……で、その男の興味が何か私の方に移ったんですよ……本気でレイプしてくるだろうみたいなふうには、ちょっと信じられなかったんですよね。……服を脱ぐ、何かずらされて、脱がされて、胸とか性器を触られたあたりで、あ、これは本気なんだわ、こいつって。もうその時点では動けないですし、何か押さえつけられて、その時あたりでようやく、真剣に怖くなったのはそのタイミング。

その本当に何かね、変なことをするだろうと思ってなかったんですよね。信頼している上司でもありましたから……

このように望まない（同意のない）性交はエントラップメント型の性暴力と分類されており（齋藤・大竹 二〇二〇：四二～四八）、加害者の方が被害者よりも地位が高い場合、被害者は評価などにおいて力を持っている上司の誘いを断りきれずに、（同意なき性交に向けて）追い込まれてしまうのです。

具体的には、上司や部下という上下関係を利用して、加害者は自分の価値を高める発言をして自身を権威付けます。そのことで被害者は加害者に従わないと自分が職場で嫌な思いをするかもしれない、不利な状況に陥ってしまうかもしれないと考え、誘いに応じてしまうわけです。

このように権威づけによって上下関係を作り、相手が断れない状況を作ることを、ここでは「罠を仕掛ける（エントラップメント）」と呼んでいます。そして、加害者は、その後に、被害者の逃げ道を断ってから、性暴力を行うのです。

今回の刑法改正では、刑法の罪の構成要件として「経済的・社会的関係上の地位に基づく影響力によって受ける不利益を憂慮させること」という項目が加えられました。職場での被害を告発した被害者の声がここに反映されたものと思われます。

最近のエントラップ型セクハラの裁判例

最近、職場でセクハラ行為があったとして争われた事件で、令和二年（二〇二〇年）二月二一日に大阪地方裁判所で出された判決で、セクハラ行為は認められなかったものの、エントラップ型のセクハラではないかと思われるケースがありましたのでここに紹介したいと思います。

この裁判では、経営コンサルティング業務を営むP社の創業者Yがそこで働いていた従業員の女性にセクハラ行為をおこなったかどうか、そして、セクハラ行為が認められた場合、P社の対応が職場環境整備義務に違反していたかどうかが争われました。

ここでは、経営コンサルタント業務をおこなうP社に対して、そこで働いていた二名の女性が別々に起こした裁判のうち、セクハラ行為が認められなかった事例についてのべてみたいと思います。

これは、オランダ出張の前日にP社の経営者Yから自分の自宅に宿泊し、そこでYが自宅に呼んだ鍼灸師からマッサージを受けるように勧められたこと、またオランダ出張中にYから夜中に呼び出され、帰国後にYから退職を勧められ、これを拒否して解雇されたとしてYとP社に対して賠償責任を求めて起こした訴訟です。

裁判では、Yが自室マンションに泊めることを指示・提案したことはいささか不自然としながらも、それをもって直ちに違法なセクハラ行為があったとは言えないとしてセクハラ行為を否定しています。

これについて、中央大学の山田省三名誉教授は、セクハラとは（個人の）「性的自己決定権を侵害するもの」であり、「性的被害も予測される宿泊や身体の露出を伴う行為を要求すること自体が「ハラスメント」とのべ、「セクハラにおいては、強制があったかどうかではなく（あれば当然です）、職場の上下関係から断ることが困難か否か」で、それが困難な場合にはハラスメントと認定すべきだとしてこの裁判の判決を批判的に論じています（両角・山田 二〇二二：四二）。

この事例は、出張の前日に自宅でのマッサージを強要し、かつ出張中の夜中にラインで呼び出していること自体が、職場の上下関係を利用して、断れないように罠を仕掛けているセクハラ行為であり、まさに典型的なエントラップメント型のセクハラと言えるのではないでしょうか。裁判官もセクハラの裁判において、このような事情を理解することが必要になっています。

被害者の迎合

つぎに、被害にあった被害者の迎合という反応について見ていきたいと思います。つぎに紹介するのは、加害者が性暴力を行った時の加害者の言動です。

	職場関係者	全体
何も言わず、突然あなたに性暴力をした	（五一・九％）	（五八・三％）
加害者はこちらが予想していない言動をした	（三四・八％）	（二二・四％）

加害者はだんだんと体を触る／触らせる行為を増やしていった（三三％）（二五・五％）
加害者はその行為を愛情表現だと言っていた（二九・五％）（一四・五％）
加害者は自分のしていることが正しいことだと言っていた（一八・一％）（一〇・五％）

上の数字は加害者が職場関係者で、下が全体の回答からの数字となっています。二つを比べて見ると、加害者がそれを愛情表現と述べたり、自分は正しいことをしているという回答の割合が高くなっています。このような発言は、配偶者間の暴力（DV）において加害者がよく口にする言葉で、支配と愛情とを勘違いしてしまっていることから起きてしまうものです。ここから、DVもセクハラも相手を支配する過程で生じる暴力という点では、問題の本質において共通点があることがわかります。

また、被害者はそれに従わないと不利な状況におかれてしまうという恐怖から、相手に合わせる言動をして、迎合しています。被害者がとった行動について聞いた質問の回答を見ると、

	職場関係者	全体
加害者に合わせるような言動をした	（四一％）	（二五・二％）
感謝や好意をほのめかすなど、加害者を喜ばせるような言動をした	（一六・二％）	（八・六％）

その他、自分の意思に反して、加害者の言動を肯定するような言動をした（一〇・九％）（六・六％）

上の数字が、職場での加害、下が全体の割合ですが、比較してみると、職場での加害の方が迎合している割合が顕著に高いことがわかります。

なぜそのような行動をとったのか、その理由を聞いてみると、

	職場関係者	全体
そうしないとひどい目にあうと思った	（三三・九％）	（二四・四％）
相手に嫌われたくないと思った	（一四・二％）	（七・九％）
なぜだかわからない	（二九・四％）	（二九・九％）

となっており、職場の中で、相手に嫌われたくない、あるいは、従わないと不利な状況に陥ってしまうという環境がすでに作り出された上で、被害者はその罠にはまってしまっていることがよくわかります。

このことが示唆しているのは、職場において立場上の上下関係にかかわらず、お互いを尊重し、対等なコミュニケーションができる関係を作ることの重要性です。昨今、ダイバーシテ

ィ・マネジメントが職場で叫ばれ、違いを認め、それをビジネスで活かすことが重要であると言われています。また、そのための無意識の偏見（アンコンシャス・バイヤス）を除去するための研修も行われています。その中で、上司と部下の間に対等な関係を築き、風通しのいい職場を作ることを目的とした研修を行うことがセクハラ防止のためにも必要になっています。

厚生労働省のハラスメント調査でも、ハラスメントの予防や解決のための取り組みを進めたことで、「職場のコミュニケーションが活性化する／風通しがよくなる」（三五・九％）、「管理職の意識の変化によって職場環境が変わる」（三二・四％）など、対策をとることが職場全体に良い影響を与えると回答している企業が多くなっています。

セクハラは組織の問題

興味深いのは周囲の反応です。回答の多い順に見ると、

	職場関係者	全体
「たいしたことはない」「よくあることだ」など矮小化するようなことを言われた	（三七％）	（二三・五％）

「男ってそういうもの」「酔ってたなら仕方がない」
（三三・一％）（一三・九％）

「あなたが魅力的だったからだよ」など肯定的に捉えるようなことを言われた
（二七・三％）（一三・七％）

「ちゃんと断らなかったんじゃない？」「抵抗しなかったからだよ」など責められるようなことを言われた
（二二・八％）（二一・八％）

被害に関して「もう忘れた方がいい」など「なかったこと」にすることをすすめるようなことを言われた
（二一・五％）（一四・九％）

以上の結果を見ても、職場で受けた性暴力に対して、よくあることだから、相手が酔っていたから仕方がない、といった反応やあなたがちゃんと断らなかったのが悪いなど、周囲の発言が傷をさらに深めるような言動になって、被害者が二次被害にあってさらに傷ついている様子がよくわかります。

それでは、そのような発言をしているのは誰なのでしょうか。回答の多い順に見ると、

	職場関係者	全体
職場の上司、人事担当者など	（二二・二％）	（五・〇％）
友人	（二〇・九％）	（一五・一％）
職場の同僚、先輩、後輩など	（一九・四％）	（五・一％）
母親	（一五・一％）	（一五・一％）

となっており、職場関係者から被害にあった場合には、職場そのものが、被害をないものにするような発言をしています。

　ここからわかるのは、セクハラは職場ぐるみで起きており、ただ単に個人が加害者であるというだけでなく、会社組織全体でそのような加害を容認しているということです。自衛隊で起きたセクハラも、最初に調査が行われた時は、同僚が肝心なところの証言で口をつぐみ、セクハラはないという誤った結論が導かれるとともに、上司は、組織の上にそのようなことがあったことを報告することもしていません。セクハラをなくすためには、職場全体にそのようなセクハラを容認する風土がないかどうかを確認し、それが存在する場合には、その風土を変えることが必要になっています。

　なお、ＮＨＫ調査によると、六四％は被害の最中あるいは直後か、数時間後には被害にあったことを認識していますが、その被害を話した相手は身近な人（六四％）が一番多くなっていて、警察に届けた人は八・一％と少なく、医療関係（二・六％）、ワンストップ支援センターなど（二・九％）外部の機関に支援を求めた人はそれほど多くありません。今後は、警察の対応やワンストップセンターなどの利用を進めていくことも重要だと思われます。

自衛隊で起きた性暴力

この章の冒頭で紹介しましたが、職場で起きたセクハラで加害者が複数人存在したという事例としては、自衛隊で起きた性暴力を思い浮かべる方も多いのではないでしょうか。つぎに紹介するのは、インターネット上で事件の経緯についてご本人が書かれた文章です（7）。

> 私は五ノ井里奈といいます。二二歳で、今年の六月二七日まで陸上自衛隊に所属していました。
> 私が自衛隊を辞めざるを得なかった理由は、訓練中に性被害があったこと、そして私の被害報告に対して真摯な対応をして頂けなかったことにあります。
> 私が性被害を実名・顔出しで告発するに至った理由は、私の所属していた部隊で隠蔽や

口止めが働いているという証言を得たからです。このままなかった事にされれば次の被害者が出てしまうと思い、覚悟を決めて、声を上げる事にしました。まず、私が受けた被害についての再調査と謝罪を求めるとともに、再発防止の為にも声を上げていきたいと思っています。

今回再調査を希望している事件について、経緯をお話しします。

自衛隊に入隊してからセクハラは日常的に受けていましたが、私が告発を決意したのは、二〇二一年八月三日に起きた性被害でした。訓練場所の宿舎で、先輩の男性隊員三名が、かわるがわる私の首をキメて押し倒し、私の股を広げ、陰部に性器を何度も押し当てるようにして、腰を振ってきたのです。その様子を見ていた男性隊員は他にも十数名いたのにも関わらず、止めてくれる隊員はおらず、笑ってみている状態でした。

私の被害申告を受けて、自衛隊の総務・人事課に当たる一課が取り調べをしましたが、目撃していた男性隊員は、誰も証言してくれませんでした。このままではいけないと思った私は、自衛隊内での犯罪捜査を専門とする警務隊に被害届を出し、取り調べをしてもらった結果、強制わいせつ罪で検察庁に書類送検になりました。検察官の取り調べでは、「五ノ井さんの証言は真実なものだと思うけど、二〇人が見ていない、やっていないと言ったら難しくなってくる」と言われました。そして二〇二二年五月三一日、不起訴という結果が出ました。不起訴理由が知りたかったので、検察官に、電話をして聞いてみたところ、「『首ひねり』という技で倒すまでは見ていた人も、やったと言っていた人もいるけども、腰をふったという証言が出ていない」「客観的な証拠がないので五ノ井さんの証言だけでは立証するのが難しいため、不起訴にしました」と言われました。

その後、六月七日に検察審査会に不服申立てをし、現在、結果を待っているところです。

この訴えに対して賛同する署名が一〇万五〇〇〇件集まりました（朝日新聞二〇二二年八月三一日）（8）。また、五ノ井さんの不服申し立てを受けた郡山検察審査会は「捜査が十分に尽くされたとは言い難い」として「不起訴不当」という議決をし、防衛省に対して、再度の調査を要求しました。その結果、防衛省は九月二九日に、性被害が事実と確認されたと発表し、五ノ井さんに謝罪しました。

九月三〇日の朝日新聞によると、「防衛省によると、五ノ井さんの所属中隊内では性的発言や身体接触が日常的に行われ、五ノ井さんに対して①二〇二〇年秋、護衛所で隊員が性的な身体接触、②二一年六月、演習場の野営で隊員が性的な身体接触や発言、③同八月、演習場の宿泊施設で隊員が押し倒し、性的な身体接触、口止めをしたことが複数の証言で確認された。上司の中隊長は五ノ井さんの訴えを大隊長に報告せず、事実関係の調査もしていなかった」ということです。福島地裁は二〇二三年三月一七日に加害者とされる男性の元自衛官三人を強制わいせつ罪で在宅起訴しました。

実は、自衛隊にはそれ以前にもセクハラを受けて退職した女性自衛官がいたのですが、自衛隊が加害者に懲戒免職処分を下す直前に、セクハラの加害者や加害者の家族への影響に配慮して公表を見送ってほしいという「嘆願書」を提出していたことが明らかになっています。組織が加害者を守るような構造になっているのです。

ジャーナリストの白河桃子さんは「ハラスメントは「個人の問題」で片付くものではない組織の問題」で、ハラスメントを容認する風土があることがハラスメントをしやすくしており、企業は「誰を守るのか」加害者なのか被害者なのか、取引先なのか、それを明確にすることが必要で、それによって企業価値が変わってくると述べています（白河 二〇一九：一一〇～一一二）。

被害の心身への影響

セクハラ防止が何よりも重要なのは、それによって被害者は心に深い傷を負い、それまでの自分を失います。セクハラ被害でどのような気持ちの変化が被害者に起きたのでしょうか。

	職場関係者	全体
気分が落ち込む	（七二％）	（六一・一％）
自分を責める	（四七・一％）	（三六・七％）
自分には価値がないと思う	（三五％）	（二六・七％）
自分は汚れてしまったと思う	（三三・八％）	（二九・八％）
人と親しくなったり恋愛したりすることが難しい	（三二％）	（二五・五％）
死にたいと思う	（三一・五％）	（二六％）
恋愛や結婚について希望を持つことがなくなった	（三一・一％）	（二四・五％）
孤独である	（三〇・七％）	（二四・四％）

となっています。全体の回答と比較しても、心理的に深刻な影響を受けている人の割合は高くなっています。三割は死にたいと思うと回答しています。このような精神状態であれば、仕事にも大きな影響を与えます。当然仕事に行けなくなる人もいます。二四・三％の被害者は職場に全く行けなくなったと回答しています。また、一時的に職場にいけなくなった人は一二・一％います。さらに、仕事は続けたとしても、前と同じような仕事のレベルを維持するのは難し

いであろうことは容易に想像できます。つまり、会社も有能な社員を失い、国全体で見れば貴重な人的資源を失うことになります。

セクハラは人権問題

性被害にあった被害者はＰＴＳＤの状態に陥る可能性が高く、心身に様々な影響を受けて、以前のような日常生活を送ることが困難になることは、前の章でもこの章でも明らかになりました。特に職場関係者による性被害は全サンプルよりも高い確率でＰＴＳＤの状態である可能性をもたらします。

仕事柄セクハラにあった方のお話を聞くこともありますが、会社に行こうとして電車に乗ったけれど、電車が会社に近づくと気分が悪くなって途中で下車せざるを得ませんでした、と言った言葉が印象的でした。ＰＴＳＤを発症していたのです。自分のせいではなく、夢を持って入った会社で、たまたま性被害にあったために、仕事を辞めざるを得なくなってしまったのです。悔しいです、と語っていました。

セクハラは一人の人の心も体も奪う殺人であることを、もっと社会は知り、性暴力をなくすために取り組むべきではないでしょうか。

5　男性の被害者の経験から見えてくるもの

今までは、男性が加害者で女性が被害者という暗黙の前提で議論を進めてきました。しかし性暴力の被害を受けるのは女性とは限りません。男性も被害にあっています。最近も元ジャニーズJR.のメンバーとして活動していた岡本カウアンさんが、ジャニーズ事務所創設者から性加害を受けていたとして、記者会見を開き、国内外で広く報道されました。

今回のNHKのアンケート調査には、約四〇〇人の被害者から回答が寄せられています(9)。以下では、その結果と男性の性被害を研究している立命館大学大学院の宮﨑浩一さんのコメントから、男性の被害者へのアンケート調査の結果から見えてきたことについて見てみたいと思います。

男性被害者に特徴的なのは、六六・四%が顔見知りから被害を受けているということです。全体のサンプルの平均値は五一・一%なので、男性の場合は顔見知りからの被害がより多くなっていることがわかります。顔見知りの中には配偶者・パートナーや配偶者の家族・親族も含まれますが、家族以外の顔見知りからの被害が多くなっています。加害者を性別で見ると、男性が六二・三%、女性が二二・三%と男性からの被害が多くなっていますが、二割は女性からの被害となっています。

男性の被害の内容（上位一〇項目）

	男性被害者	全体
衣服の上から体を触られた	（五五・六％）	（六五・七％）
体を直接触られた	（四五・六％）	（三九・七％）
からかいなど性的なことばをかけられた	（三四・七％）	（四〇％）
脱がされた	（二六・三％）	（二一・二％）
加害者の性器、胸などを触らされた・押しつけられた	（二五・三％）	（二・五％）
唇や舌などを体に当てられた	（二三・二％）	（二〇・九％）
加害者の性器、胸などを見せられた	（一七・七％）	（二九・二％）
自分の性器や体の一部を加害者の口、肛門、膣に挿入させられた	（一五・四％）	（二・五％）
性器や体の一部を自分の口、肛門、膣に挿入された	（一四・八％）	（一八・七％）
加害者に自慰行為を見せつけられた・手伝わされた	（一三・五％）	（一〇・九％）
唇や舌などを体に当てさせられた	（一三・五％）	（七・五％）

以上の結果を見て宮崎さんは、男性の被害者の場合は、性器や体の一部を挿入された被害よりも、挿入させられた被害の方が多いことに注目します。例えば、自由記入欄に書かれていたという五〇代の男性が一〇代の時に被害にあった事例ですが、「私の性器を無理やり勃起させ、加害者の女性の性器の中に私の性器が入るように上から覆いかぶさる形で挿入させられました。私が女性の性器の中で射精することを強要されました。早い話、私（男性）が下で女性（加害者）が上のセックスそのものでした」は、宮崎さんによると、加害者が被害者の体の感覚を支配するための巧妙な手口だと言うのです。「勃起や射精といった身体的な反応を引き起こすことで、まるで被害者自身が楽しんでいたとか積極的に快感を覚えていたかのように思い込ませることができます。そして、被害認識を抱かなかったり、被害者が自分自身を責めたりするように追い込んでいくのです」(9)。

男性の強姦神話

特徴的なのは、全サンプルの回答と比べて被害を受けてからそれを人に話すまでに時間がかかっていることです。

被害をいつ話したか

	男性被害者	全体
被害の直後	（〇・九％）	（四・一％）
被害の数時間後	（二〇・六％）	（四一・九％）
数日後	（一六・〇％）	（一五・四％）
一か月程度たって	（一三・七％）	（七・九％）
一年以上たって	（一一・三％）	（一〇・一％）
五年以上たって	（一三・七％）	（八・三％）
一〇年以上たって	（二二・四％）	（一一・八％）

この数字を見てもわかりますが、一〇年以上たってから打ち明けた人が二割います。全体のサンプルでは一割程度なので、男性被害者は、被害を人に打ち明けるまでに長い時間がかかっていることがわかります。さらに、打ち明ける時期が遅いだけではなく、被害を誰にも話していない人の割合は、男性被害者の方が高く、女性が三一・四％なのに対して男性は四二・三％にものぼります。宮﨑さんは、そこには「規範的男性像」も強く影響しているといいます。

被害にあった男性の中にも「本当の男は強くあらねばならない」「男の体は少しぐらい粗雑

に扱っても大丈夫」といった規範的男性像があるので、被害にあったことによる不快な感情やそれによって生じた心の傷を抱えながらもその整理できない思いを一人で抱えながら長く苦しむと指摘します。

自由記述には、次のようなものがあります。

「被害にあった人を変な目で見たり、ばかにしたりしないでほしい。このアンケートに答えることで少しでも気持ちを落ち着かせたかった。男の性被害もあるということを理解してほしい」（幼少期に被害にあった二〇代の男性）

「ばかにされることや邪推されることを心配せずに自分の感情をはき出すことができる環境がほしい」（幼少期に被害にあった二〇代の男性）

「人のことをバカにする、下に見ることが加害行為のハードルを下げていると思う。まず、人のことをちゃんと尊重するようにしてほしい」（一〇代の時被害にあった二〇代の男性）

宮﨑さんは「これまで男性の性被害は、確かに存在しながら、誤った思い込みや、ばかにするような態度でわい小化され、受け止められていませんでした。男性の性被害の実態がもっと知られ、正しく受け止められるようになるための情報発信や、支援体制が必要だと感じます」

とのべています。

6　セクハラは男性問題

セクハラ問題というと、男性対女性という構図がイメージされがちですが、男性の被害者の声を聞くと、性暴力の背後には社会の「規範的男性像」（ジェンダー規範）があることがわかります。

それにもかかわらず、セクハラの原因を女性にすり替えてきたと論ずるのは、労働ジャーナリストの金子雅臣氏です。

「セクハラの原因はひたすら女性の側にあると考えられてきた。女性の派手な服装や軽率な行動が、挑発や落ち度ということになり、ほとんどの場合には自らが招いた災いと理解されてきたのである。……要するに、男たちの逸脱した行動は、思考以前の習性や本能の範疇のこととされてきた。……言い方を換えれば、男たちの行動はすべて仕方がないものとして棚上げにされ、自分の責任については考えなくともいい状況であったとも言える」（金子、二〇〇九：一八六）。

しかし、セクハラ問題はもはや言い訳不要な「女性問題」ではなく、確実に説明が必要な「男性問題」になってきており、その認識を決定的に欠いているために、「あれは間違いなく合意だった」と繰り返し、相手から否定されてもまだ、「合意だったはずだ……」（金子二〇〇九：一八八）と男はつぶやき続けているのだといいます（金子　二〇〇九：一八八）。

さらにセクハラ問題を起こす男性の深層心理を探っていくと、「女はかくあるべき」「女とはこういうものだ」という性別役割意識を強固に内面化していて、さらに、「男の放埒は許されるはず」ということを前提としている（金子　二〇〇九：二〇六）という共通点があると指摘しています。

とはいうものの、性別役割分業意識に縛られている男性はたくさんいます。セクハラ問題を起こしてしまう男性の中に、どのような暴走のメカニズムが働いているのでしょうか。金子さんは、職場のパワハラも増えていることを指摘した上で、加害者をパワハラやセクハラに駆り立てるものの正体を、「男たちが抱えた危機感と閉塞感である」（金子　二〇〇九：二一〇）とのべています。

セクハラをする男たちは、自らが抱え込んだ閉塞感や虚しさを癒やし、その空白感を埋めてもらうことを女性に求めている。まさに性別役割である母性を求めるかのように、女性たちに絶えず癒しを期待しようとする身勝手な願望がセクハラを加速させると言ってもいい（金子　二〇〇九：二一二）。

ここで言われるパワハラとは、「同じ職場で働くものに対して、職務上の地位や人間関係などの職場内の優越性を背景に、業務の適正な範囲を超えて、精神的・身体的苦痛を与える又は職場環境を悪化される行為」（君島・北浦　二〇一五：一四）のことを指しています。すでに述べたように、総合相談窓口に寄せられるパワハラ相談は年々増えていることから二〇二〇年六月には「労働施策総合推進法」（通称パワハラ防止法）が施行され、企業規模に関わらずハラスメント対策が義務化されています。ちなみに、職場の「いじめや嫌がらせ」相談件数は二〇二〇年には八万七五七〇件で、二〇一〇年度と比較して二一八・九三％増加しています。そして、二〇二二年には九万七五五三件と、さらに一万件も増加しています。

そして、パワハラが性差別によって増幅されるとセクハラに転じるのだと述べています。さらに、日本的雇用慣行が変容し、男性の優位性が喪失し始めていることが、パワハラやセクハラの増加の背後にある要因であると分析しています（金子　二〇〇九：一八八）。

前の章では、声を上げ始めた女性が増えていることの背景に、女性の社会進出が進んでいることを挙げました。同時に、共働き世帯も増え、男性を取り巻く経済環境も大きく変化しています。加害男性をセクハラへと暴走させる装置として浮かび上がってきたのは「男らしさ」という概念でした。同様のことは、男性被害者のアンケートの回答からも浮かび上がってきました。「規範的男性像」（男らしさ）が、性暴力を受けた男性被害者がなかなか声を上げられない状況を作り出しているのです。さらに、被害者が被害を相談しても、相談相手から性被害を矮小化し、なかったことにしようとするような言葉が発せられることがしばしばあるのは、社会全体で「規範的男性像」が共有されていることがあるように思われます。

　こう見てくると、性暴力をなくすためには、社会に存在する価値観や規範にまで遡って「規範的男性像」や性別役割分業を見直すことが必要になっていることがわかります。

　作家の柚木麻子さんは、「声を上げた被害者の勇気をたたえる一方で、いつの間にか加害者のことがぼやけてしまう。そんな報道や言説が多い」と感じると言います。そして、「本当は被害者ひとりの問題ではないはずです。これは加害者がいることで、さらに言えば、加害者を生み出してしまう組織の構造だとか、社会全体の問題として捉えるべきだと思うのです」と述べています(10)。

　労働ジャーナリストの金子雅臣さんが指摘するように、セクハラが男性問題になった今、女性だけが声を上げるのではなく、男性自らも、職場や社会で性加害を目撃したら声を上げる側になることが必要なのではないでしょうか。私たちが、自らの加害者性に気づき、向きあい、変わることがない限り、性被害をなくすのは難しいように思います。

　次の章では、私たちが自分自身の加害者性に気づき、加害者にも被害者にも、さらには傍観者にもならない社会を作るために、何が必要なのか、考えてみたいと思います。

(1) https://digital.asahi.com/articles/ASQ8067G8Q80UTFK01J.html?_requesturl=articles%2FASQ8067G8Q80UTFK01J.html&pn=4

（2）この法律では公務員が適用除外されていたので、翌九八年には公務員を対象とした規制が定められている。

（3）「セクハラ泣き寝入りは防げるか改正均等法の強化点」二〇一九年六月二五日
https://style.nikkei.com/article/DGXMZO46404640R20C19A6000000（閲覧日二〇二二年一〇月一一日）

（4）帝国データバンク社のデータを基に作成。発送件数二万四〇〇〇件、回収率二六・八%。サンプル数は六四二六件。

（5）アンケート調査では、四二・七%が加害者は複数人いたと回答しています。また、「職場の上司・先輩」四二六〇人のうち「職場の同僚・後輩」にもチェックを入れていた人が四五九人（一〇・八%）、「仕事の取引先、客など関係者」七五六人（一七・八%）、加害者が「職場の同僚・後輩」八八〇人のうち「仕事の取引先・客などの関係者」にもチェックを入れている人が二〇四人（二三・二%）となっています。

（6）https://www.nhk.or.jp/minplus/0026/topic076.html

（7）https://www.change.org/p/元自衛官-五ノ井里奈が告発する性被害について-第三者委員会による公正な調査を求めます-自衛隊は性被害を隠さないで

（8）https://digital.asahi.com/articles/ASQ8067G8Q80UTFK01J.html?_requesturl=articles%2FASQ8067G8Q80UTFK01J.html&pn=4

（9）「男性の性被害約四〇〇人の声」―男性たちが明かした性被害「無理やり挿入〝させられた〟」「誰にも信じてもらえない」『性暴力を考える vol.183』
https://www.nhk.or.jp/minplus/0026/topic072.html

（10）https://www.nhk.or.jp/minplus/0026/topic101.html

第5章　男女不平等社会とDV・性暴力

コロナ禍は女性を直撃し、女性の貧困や、女性への暴力・性暴力などの問題が可視化されました。これをきっかけに社会の親しい関係にあるものの間に見られる暴力（DV）や性暴力への関心が高まっています。

この章では、本書で今まで議論してきたことをまとめながら、貧困や暴力が生み出される背景にどのような社会的・経済的な要因があるのか、そして、被害を減らすための方策について考えてみたいと思います。

1　平成は失われた時代だったのか

八〇年代の後半、テレビの報道番組でアメリカでの子供の虐待の話が紹介されていました。その後にアメリカ生まれのタレントさんが、日本にはこのような問題はありませんね、と発言したのです。当時は一〇年以上滞在したアメリカから帰国後日が浅く、そのコメントには?がついたもののそのままになっていました。

しかし、日本のＤＶ防止法や児童虐待防止法が成立した背景を調べると、日本にこのような問題がなかったわけではなくて、家族の問題には国家が介入しないという国の方針があったために、それが問題として認識されていなかっただけであることがわかりました。家族は明治民法の「法は家族に入らず」として戦後の民法に引き継がれ、家族は愛情によって結ばれているのであって、そこに法的介入は必要がないという立場が取られてきたのです（信田　二〇二一：四五）。

九五年に北京で開催された国連の女性会議では、女性に対する暴力の問題が議論され、そこに出席した女性たちが帰国後、ＤＶ被害者のためのシェルターを作ります。さらには、それらを運営する女性たちでシェルターネットワークが作られ、二〇〇〇年の児童虐待防止法、二〇〇一年のＤＶ防止法などの成立に大きな役割を果たしました。これらの法律は、改正を繰り返して、被害者の実態に沿ったものになっていくのですが、ここにも女性たちの力が遺憾なく発揮されています。

さらに二〇二二年五月には「困難な問題を抱える女性への支援に関する法律」（困難女性支援法）が成立しました。この法律は、様々な困難を抱える女性たちの（年齢、障がいの有無、国籍等を問わない）人権が尊重され、安心して暮らせる社会の実現を目指して作られた法律です。第1章で紹介した北仲千里さんのお話にもありましたが、現在、経済的困窮、DVや性被害にあった女性たちの支援をしている婦人保護施設は、売春を行うおそれのある女子を保護し更生することを目的として売春防止法のもとで運営されています。しかし、実際に困難を抱えている女性が必要としている支援とはそぐわないものとなっていました。そこで、新たな法律が必要となっていたのですが、それを実現させたのは、長い間に現場で困難を抱える女性たちを支援してきた女性団体と婦人保護施設の施設長そして研究者による、国会議員に対しての粘り強いロビイング活動でした。その結果、新法は超党派の議員立法として可決されました。その経緯については、戒能（二〇二二：五〇〜五七）に詳しく述べられています。

今回のコロナ下で導入されたDV相談プラスで多くの相談に対応できたのも、長く電話相談に関わってきた女性の経験と実績が活かされているからです（第1章）。

性暴力にあってしまった時に重要なのが、迅速な対応です。被害後七二時間以内に病院に行き、適切な処理が行われれば、証拠を採取することも、また避妊などの対応もでき、回復も早くなります。ところが、日本では、その重要性と必要性が認識されてはいるものの、このような病院拠点型のワンストップセンターはそれほど多く存在していません。

第2章では、日本で初めて性暴力被害者のための性暴力救援センターなごみが名古屋日赤第二病院（現日本赤十字社愛知医療センター名古屋第二病院）内に作られた背景を取材しています。日本福祉大学の長江美代子さんと当時の副院長片岡笑美子さんの努力と尽力なしには性暴力救援センターを作ることはできませんでした。また、その過程で性暴力被害者支援看護師（SANE）という性暴力被害者の救援のための専門家を養成する研修も行われます。性暴力被害者のための救援センターの設立は、新たな専門職を増やす役割も果たすことになったのです。

さらに、今回の刑法の改正においても、性被害当事者たちで作る社会活動団体（一般社団法人Spring）が大きな役割を果たしています。さまざまな団体と連携して、刑法改正に関わるロビイング活動を行ない、法改正にも大きな影響力を及ぼしています（第3章）。コロナ禍では、DVに苦しむ女性たちの声が可視化できたのも、今のべた女性たちの草の根の運動の積み重ねがあったからです。

平成は日本経済が競争力を失った失われた時代と見られがちですが、NPO法（一九九八年三月成立、同年一二月施行）や情報公開法（行政機関の保有する情報の公開に関する法律、一九九九年五月公布、二〇〇一年四月施行）などの成立によって、市民の力が強まった時代と見ることもできるのではないでしょうか。女性の視点で見ると、強固だと思われた男性中心社会に存在する様々な問題が浮き彫りになった時代であり、声をあげる女性たちや、それを支える女性たちの存在、助けを求める女性たちに手を差しのべる支援団体が作られ、「助けてと言える社会」に向けて始動し始めた時代だとも言えるのではないかと思います（第1章、第2章）。

しかし同時に、そのような連帯の力によって浮かび上がってきたのは、DV被害者や性暴力被害者に対して、支援体制の整備が遅れていることです。また、性暴力の被害の実態についても十分に知られていません（第3章、第4章）。さらには、少子高齢化の中で、後継者不足に悩むNPOも増えています。ここに行政の果たす役割の重要性が高まっているのです。

不十分な予算

二〇二〇年の四月に国連のグテーレス国連事務総長が新型コロナウイルス感染症による危機化において女性や女児に対する暴力が急増していることから、各国に重点的な対応をするように要請した結果、各国が相次いで予算額を増額しました。例えば、イタリアでは女性に対する暴力対策のために三五億円の基金を創設していますし、イギリスではDV被害者とその家族に対する団体に対し約一〇〇〇億円を支援しています。カナダでは、シェルター、性暴力被害者センター等の運営のために約四〇億円を支援しています（内閣府『共同参画』一三四号　二〇二〇年六月）（1）。日本の場合は、民間シェルター（DV）、ワンストップ支援センター（性暴力）地域女性活躍推進交付金などの合計が、二〇二一年で六・三億円、二〇二二年度で一一・一億円と、四・六億円増加しています（内閣府『共同参画』一五四号　二〇二三・四月号）（2）。増額されている背景には、今までのべてきた女性の草の根の市民活動とともに、声を上げる女性が増えたことが影響しています。とはいうものの、他の先進国と比較すると、事業規模は小さく、予算額も少なく、支援の環境も整っていません。予算の拡充が必要になっています。

草の根の運動は活発化し、今回のコロナもあり、問題の可視化には成功しているとはいうものの、それに依存して、政府の対応が遅れているのが実状です。

本書の専門家の方がたへのインタビューでも指摘されているように、日本では被害者を支援する専門家が全く足りていない状態です。性暴力被害者を支援するに看護師（ＳＡＮＥ）の育成、トラウマ治療の場と専門家の育成、さらには、関係機関と連絡を取り合いながら被害者を支援できる伴走型支援コーディネーターの育成が急務になっています。国の予算を投じて急性期（被害にあって七二時間以内）に多機関、多職種で連携し、対応できる病院拠点型ワンストップ支援センターを増設することが必要になっています。

2　コロナ禍が浮き彫りにした男女不平等社会日本

さて、コロナ禍では、感染症の拡大を防ぐために、ステイホームが推奨され、国内外の人の移動が制限されました。その結果、宿泊業、飲食サービス業や生活関連サービス業、娯楽業などで雇用者数が落ち込みました。これらの業種には女性が非正規労働者として働いている場合が多く、結果的に女性の就業者数の減少が目立ちました。コロナ不況がシーセッション（She：女性とRecession：不況を合わせた造語）と呼ばれる所以です。コロナ禍の二〇二〇年に男性の就業者は三九万人減少したのに対して女性は七〇万人と、女性の就業者の減少が目立ちました。

また、雇用が失われた女性だけではなく、シフトが減少したことによって所得が減少し生活が困難になった女性たちもいます。野村総合研究所の調査によると二〇二〇年一二月時点でパート・アルバイト女性の四人に一人がコロナ禍でシフトが減少しただけでなく、シフトが減少したパート・アルバイト女性の七五・七％は休業手当てを受け取っていないことが明らかになりました（3）。ちなみに、シフトが5割以上減少し、休業手当をもらっていないパート・アルバイト女性を実質的な失業状態にあると定義すると、実質的な失業率は五・二％にのぼり、二〇二〇年一一月の女性の完全失業率二・三％の二倍にもなると推計されています（4）。

パートやアルバイト労働者が景気の変動の調整弁にされてしまっているのです。そこには主な稼ぎ手は夫で、妻は家計を補助する目的でパート・アルバイト労働者として働いているという前提があります。しかし、実際には、一人暮らしの人やひとり親（母子）世帯、あるいは、老親を養っている独身の女性など、世帯構造は多様化しています。コロナ禍はそれらの世帯に深刻な打撃を与えたのです。中でもシングルマザーは食べるものに困るほどの状態に陥ったのです。

シングルマザーはジェンダー構造の不利が一番集約された場所にいる

シングルマザーの支援を続ける認定NPO法人「しんぐるまざあす・ふぉーらむ」理事長の赤石千衣子さんは、労働政策研究・研修機構が二〇二一年六月に開催したシンポジウム「新型コロナによる女性雇用・生活の影響と支援のあり方」の中でシングルマザーを「ジェンダー構造そのものの不利が一番集約された場所にいる」存在と表現しています。ここでいうジェンダー構造とは、男性は仕事、女性は家庭という性別役割分業を前提とした社会の構造を意味しています。そして、その社会構造が女性が貧困から抜け出すのを困難にしています。

国際的に見ても大きい日本の男女間賃金格差

ＯＥＣＤ（二〇二二）によると、日本の男女間賃金格差は調査対象四三カ国中、韓国やイスラエルに次いで、大きくなっています。低賃金の非正規職に女性が多いこと、管理職に占める女性が少ないこと、また、出産などでいったん退職するとキャリアを積めるような仕事になかなかつけないことなどが、その理由として上げられています。つまり、女性に不利な労働市場の構造が存在しているということです。中でもシングルマザーは、子育てと両立させながら働かなければならず、非正規職に就かざるをえません。

さらに、税制度や社会保障制度においても、専業主婦を優遇する仕組みがあります。それがパート賃金を下げているという皮肉な結果になっています。

例えば日本には、配偶者がいて夫が第二号被保険者として厚生年金に加入している場合、年収が一三〇万円未満だと社会保険に加入する必要がなく、扶養家族として基礎年金が受け取れる制度（第三号被保険者制度）があります。それ以上稼ぐと負担が増加し、手取りの所得が減ってしまうことから、「一三〇万円の壁」と呼ばれます（ただし従業員数五〇一名以上の会社に勤めていて年収が一〇六万円以上であれば、社会保険の加入義務があります）。この制度は、一九八五年に導入されました。

加えて、日本には、配偶者控除制度といって、配偶者の所得が非課税限度額（一〇三万円）以内であると夫の所得税負担が軽くなるという制度があります。この制度は、一九六一年に導入された制度で、もともとは自営業世帯では（妻の内助の功）に対して税負担の控除が可能なのに対して、雇用世帯ではそのような控除ができないことから導入された制度なのですが、自営業世帯が減少しても、所得税制における配偶者控除制度は残りました。大手企業を中心に、配偶者の年収が非課税限度額（現在は一〇三万円）内であれば、扶養手当を支払う企業が多くなっています。なお、八七年には、非課税限度額を超えた場合に配偶者の所得の増額とともに控除額が低減する配偶者特別控除制度も導入されました。

このような制度が問題であるのは、既婚女性が非課税限度額内に就労を抑えることで、パートタイム労働者の賃金を低く抑えてしまうことです。

また、正社員の賃金は年齢とともに上昇しますが、パート社員の賃金は年齢があがり経験を積んでもほとんど上昇しません。その結果、パート賃金の水準そのものが低いので、就労によって貧困から抜け出すことは難しく、日本では子供の貧困率が先進国の中で一番高いだけでなく、母親が就労している世帯とそうでない世帯で、子供の貧困率に差がありません。つまり、母親が働いているかどうかが問題なのではなく、母親が働いても経済的に自立できないような社会構造があることが問題なのです。

ところが、先に述べたように、八五年には専業主婦に年金権が付与されるとともに、ひとり親世帯に支払われる児童扶養手当の支給に所得制限が設けられ、所得が一七一万円を超えると児童扶養手当が減る仕組みが導入されました。福祉に頼らず、母親が就労で所得を得ることを促す目的があったと言われています。しかし、同じ時期にパート賃金の上昇を阻害する年金改革が行われた結果、パート賃金は上がらず、ひとり親世帯はより厳しい状況に追いやられていくのです。

DVの増加と女性の貧困の増加は同じ根っこから生じている

第1章では、男女間の暴力が発生する主要因に社会の男女の不平等があると指摘しました。男性中心の労働市場の中で、大きな男女間賃金格差が存在すれば、それが男性優位の価値観を生み出し、力によって女性（自分より下にあるもの）を支配することを肯定する価値観が生み出されやすいのです。

つまり、今回のコロナ禍で明らかにされたDVや性暴力の増加と、困窮する母子世帯の増加は根っこのところでつながっていて、男性優位の社会構造の中で生み出された現象であるということができるのです。

そのことは、DV加害者が加害者プログラムに参加した時に書いた気づきの言葉を読むとわかります（山口　二〇一六：一二四〜一二七）。

・女は馬鹿で弱いものだと思っていました。
・自分には強い特権意識があることに気づきました。男だから、彼女より年上だから、一流大学出だからと彼女を見下していました。
・責任ある仕事を任されることで自分は特別な人間だという錯覚をしていたことに気づきま

した。人より優れているとか、力があるとか、特別だなどと思いこんで妻を支配してしまっていたんだと思います。

・職場の縦社会意識を家庭に当てはめていました。家族の中心である自分は「正しい」でいたいんです。でも、それは自分を守るためだったように思います。

DVには社会の価値観が反映されていて、そこには男女間の不平等な力関係があることがわかります。しかし、それは加害者だけの問題ではありません。社会全体でその価値観を共有し、容認しているのです。

二〇一七年六月二一日のNHK番組「あさイチ」で紹介された男女を対象としたアンケート調査では、

性行為の同意があったと思われても仕方がないと思うもの（複数回答）

二人きりで食事（一一％）

二人きりで飲酒（二七％）

二人きりで車に乗る（二五％）

露出の多い服装（二三％）

泥酔している（三五％）

となっています（伊藤和子　二〇一九：九四）。ここには加害者の価値観が反映されていることがわかります。また、このような価値観を社会が共有しているために、被害者は、被害に遭ってしまった自分自身を責め、また、相談しても「たいしたことはないよ」「よくあることだ」など被害を矮小化するようなことを言われて、さらに苦しむのです。その結果、被害を誰にも話さない人も少なくありません。

作家の井上荒野さんは、小説『生皮』を書きながら、自分も加担していないというわけではないということを意識して作品を生み出したと述べています（第3章）。私たちがその価値観の中で生活をしていることに気づき、歪んだ社会の認知を正すこと。また、同時に、社会が男女平等の仕組みを整えること。そのどちらもが必要になっています。

特筆すべきことは、このような空気が存在するにもかかわらず、勇気をもって声を上げる被害者たちが増えていることです。その声に応える形で刑法が改正され、性暴力に対する社会の関心が高まってきています。とはいえ、声を上げた当事者に対するバッシングも加熱しています。しかし、それによって私たちが声をあげられない社会になってはなりません。その規制も必要になっています。

3　性被害による社会的・経済的損失

性暴力を肯定する人はいないと思いますが、自分には関係ないと考えている人は多いのではないでしょうか。しかし、本当にそうなのでしょうか。被害にあった人は、ＰＴＳＤの状態にある可能性が高くなり、それまで積み上げたキャリアを失います。それは被害にあった人個人の損失だけではありません。日本の国の財産である人財の損失だと言えます。

国の富の四分の三は、人々が労働によって生み出す価値によって構成されていると言われます。この個人の稼得能力を経済学では人的資本と呼んでいます。赤ちゃんは生まれてきた時は無力で言葉も話せませんが、成長して言語能力を獲得し、さらに成長して保育園や幼稚園で人間関係の作り方を学び、その後学校教育では本格的に学習をして成長していきます。しかし、このような能力の獲得は無償ではありません。教育費は親とともに国もそこに税金を投入し、教育投資をしています。また、会社もお金をかけて社員を教育し、一人前にしていきます。

性暴力とは、この個人の人的資本の形成を阻害し、幼少期の被害であれば、学校教育の投資効果を減退させ、その後の生涯にわたって人的資本の形成に大きな（壊滅的な）マイナスの影響を及ぼす行為なのです。また、職場での被害であれば、キャリアを失うことで個人が生涯所得にマイナスの影響（逸失利益）を被るだけでなく、会社もそれまでのせっかくの人的投資が無駄になります。さらに、国にとっては、稀少な人財が生み出す経済価値を失い、税収や社会保険料収入を失います。

つまり、性暴力とは、甚大な経済的損失（逸失利益）を、被害者個人だけでなく、会社の収益にも、そして、国の富にも、もたらすことになります。

それでは、性暴力被害を放置しておくことによって失っている社会的・経済的損失はどの程度の規模なのでしょうか。

NHKのアンケート調査では、被害前に所得があった方の税金や社会保険費用を差し引く前の一年間の所得を聞いています。それをもとに、キャリアを失う前にその人が生み出していた経済的な価値（人的資本の価値）を推計することができます。

ここでは、被害前に正社員であった人の所得の情報をもとに、第1段階として個人の人的資本の保有量（稼得能力）を推計しました。その結果が、左記の式です（5）。

ln推定所得＝13.662+0.067(教育年数）＋0.014(年齢）

この式は、学校教育に通う年数が一年増えるごとに稼得能力が六・七％上昇し、年齢が一年上がるほどに稼得能力が一・四％上昇することを示しています。

第二段階では、この式を使って、年齢別の潜在的な稼得能力（人的資本の保有量）を計算しました。アンケート調査では、被害にあった年齢の最高年齢は三九歳でしたので、シミュレーションはゼロ歳から三九歳までに限っています。義務教育前では就労はできませんが、親からの教育や幼児教育などを通じて潜在的な（稼得）能力は形成されています。そこで推計も就学前の年齢から行いました。

次の数字は年齢別に被害にあったことで失う一年間の所得と生涯所得を推計した結果を示したものです。実際の計算は一歳刻みで行いましたが、スペースの関係で、ここでは五歳刻みの結果を表示しています。

被害年齢	年間逸失利益	生涯逸失利益（六五歳定年を想定）
五歳	九一万九八八一円	二億三六一七万九六一二円
一〇歳	一二八万九八〇三円	二億三一〇二万八九七五円
一五歳	一九三万三八〇五円	二億二三三九万五九八九円
二〇歳	二八九万九三五八円	二億一一九五万一八三五円
二五歳	三五五万五四七八円	一億九五五三万五九〇三円

三〇歳　　三八一万三二七九円　一億七七二五万〇一三〇円
三五歳　　四〇八万九七七三円　一億五七六三万八四八九円
三九歳　　四三二万五三三四円　一億四〇九三万〇一七七円

これらの所得は、被害にあう前の人的資本の価値なので、以上の所得は被害にあったことによって失った逸失利益（foregone earnings）であり、実現できなかった経済的なロスと捉えることができます。

そして、年齢別の逸失所得に被害人数をかけると一年間で七七六億円、生涯で見ると、八兆二九三二億円となります。これは二〇二一年度の名目GDP（五四四・九兆円）の一・五％にあたります。

そして、NHKのデータを見ると、性被害を受けたことによって就学や就業に影響があったという件数は全体の三割に上ります。そこで、年齢別の生涯逸失利益に、影響を受けたと回答した件数をかけると、二兆五三四二億円になりました。これは、二〇二一年度の名目GDPの〇・四七％に当たります。

さらに、就学や就業に影響があったグループとなかったグループ別に「PTSDの状態である可能性」を見てみると、影響があったと回答した場合の数値は七九・八％で、影響がなかった場合でも四五・六%がPTSDの疑いがあることがわかりました。

そこで、被害を受けた全数について逸失生涯利益を計算したところ、八兆二九三二億円となりました。これは二〇二一年度の名目GDPの一・五%に当たります。

つまり、性暴力を放置しておくことによって社会が失っている経済利益は、少なく見積もってもGDPの〇・四七%、最大に見積もると一・五%にものぼるということです。

ここから、性暴力を見て見ぬふりをして放置することによって、わたしたちが被る経済的損失がいかに膨大なものになっているかがわかると思います。二〇二一年には一五歳~六四歳の女性の七八・六%が就業しています。女性の労働参加が増えるにしたがって、失う経済的損失も増加します。

性暴力は決して他人事ではないのです。私たち一人ひとりが被害の大きさを認識し、性暴力が生み出されるメカニズムを理解して、性暴力のない男女平等社会を形成していく時代が今来ています。

4 幼少期の被害がその後に与える深刻な影響

第2章では女性による女性のための相談会で寄せられた相談者のなかに、幼少期に虐待を受けた人や夫からの暴力に苦しむ人がいたことが報告されています。例えば、短期雇用を繰り返す相談者は、父親の性的嫌がらせや再婚相手から虐待を受けていました。幼児期の体験によって人間関係をうまく作れなかったり、男性恐怖症を発症したりしているケースもありました。私たちは性暴力被害を一時点で捉えがちですが、性被害がその後長く人生に影響を与えていることがわかります。

今回のＮＨＫのアンケート調査の結果から見えてきたのは、被害にあった平均年齢が一五・一歳と想像以上に低いことでした。被害者の七五％が一〇代に被害を受けています。さらに細かく見ると、一〇歳未満が二〇・三％にも及びます（図3-1）。

また、被害は一回にとどまらず、複数回被害にあったと回答している人、あるいは現在も継続して被害にあっていると回答している人もいます。その分布を見ると以下のようになりました。

	件数	分布
現在も継続して被害にあっている	一八二二	四・八％
過去に複数回の被害にあっている	一三三五一	三五・五％
被害は一回のみ	二二四三〇	五九・六％

五九・一％は一回きりの被害と回答していますが、三五・五％は過去に複数回の被害にあっていいます。また、現在も継続して被害にあっているという件数は四・八％存在します。

最初に被害にあった年齢を被害の回数別に見てみると、一回限りの平均年齢は一六歳であるのに対して複数回の場合は一三・六歳、現在も継続中の場合は一四・八歳と、被害は一回と回答した件数に対して複数回の場合には被害時の年齢が若く、二六・四％が一〇代未満で被害にあい、五八・三％が一〇代で被害にあっています。

つまり、被害時の年齢が低いほど、複数回の被害を受ける可能性が高いということです。また、加害者の分布を見ると、複数回の場合には配偶者以外の家族・親族が二四・五％であるのに対して被害が一回だけの場合は六・八％と顕著な差が見られます。さらにＳＮＳで知り合った件数の割合は被害が一回だけの場合は二・五％なのに複数回の場合は四・〇％、現在も続いている場合では六・六％と高くなっています。

興味深いのは、全く知らない人からの被害です。これを被害の回数別に見ると、

現在も継続して被害にあっている	六八三	三七・五％
過去に複数回の被害にあっている	四五五三	三四・一％
被害は一回のみ	六六二三	二九・五％

となっていて、複数回被害にあっていたり、現在も継続して被害にあっている場合には、見知らぬ人からの被害が多くなっています。

日本福祉大学の長江美代子さんは、例えば五歳前後で家族などの近しい関係のひとから被害を受けると、その後の人生で再度被害にあうケースは多く見られると言います。「被害に遭いやすいのは当然なのです。自分と他人を分けて自分を守っている境界線を本人の意志にかかわらず踏み越えて、プライバシーに侵入されて暴力を受けたので、もう自分を守る壁はなくなってしまったのです。思春期になって自分がされたことの意味を知り、心を病んでいきます。機能不全の家庭から子供は飛び出します。生活できなくなったところに風俗に誘われます。そこで親しい人に騙されて複数に強姦されて風俗から逃れられなくなっているケースもパターン化したように見られます」とのべています。そのことを概念図で示したのが七一頁の図2-1です。

今回の刑法の改正では性的な目的で、SNSなどを通じて未成年を手なずけて心理的なコントロールをする行為に対する罪（グルーミング罪）が新たに付け加わりました。現状の課題に対応した重要な改正だと考えます。

労働相談におけるきめ細かな支援の必要性

第2章では、労働相談事例の中に、相談者が短期雇用を繰り返す背後には、幼少期に父親から性的な嫌がらせを受け、「人との付き合いが苦手なため」短期契約の仕事を選んでしまうという事例や、親からの暴力による不眠症が悪化し、心療内科を受診したいけれど、コロナ禍で収入が激減し、病院に行くこともできない（松元　二〇二一：四五）という事例を紹介しました。

同様に、親からの虐待を受け、学校ではいじめにあい、風俗で働いているという事例や、夫の暴力に長い間苦しめられ、離婚が成立したものの、長い間夫の暴力によって孤立させられていたために人間関係が作りづらく、そのために仕事を継続することが難しいという事例も報告されています。

シングルマザーの支援には福祉に依存しない就労支援が中心に展開されてきました。しかし、ＮＨＫの調査や相談事例から見えてくるのは、それだけでは不十分だということです。幼少期の虐待や性被害、あるいは夫からの暴力が継続的な就労を妨げていたり、職場での性被害につながっているなど、就労以前の問題が、就労を困難にしているからです。

二〇一五年に生活困窮者自立支援法が施行されて以降、日本の生活支援も地方自治体の窓口での相談に重点がシフトしています（西村　二〇二二）。そこでの相談業務においては、性被害や家庭内暴力の問題に詳しい専門家との連携が必要になっていることがここからもわかります。

また、第2章では日本福祉大学の長江美代子さんが始めた『街角のメンタルヘルス』について紹介しましたが、専門家に気楽に相談ができ、必要に応じて心理的なケアを受けながら、社会復帰ができる場所を増やしていく必要があります。

そして何よりも重要なのは、性暴力に対しての社会の理解を深め、性暴力を増やさないための社会全体の取り組みです。第3章では、性被害にあった時に助けられたのは「知識」というト田素代香さんの言葉を紹介しました。そのために、学校教育で性についての正しい知識を身につけることが大切です。

包括的性教育の導入の必要性

それではどのような性教育が有効なのでしょうか。最近注目されているのが、ユネスコが提唱している包括的性教育と呼ばれる性教育です。「性と生殖に関する健康と権利（Sexual Reproductive Health and Rights）」とは、年齢や性別に関係なく、誰もが性と生殖に関する知識を持ち、自己決定を行うことができ、心身ともに健康でいられる権利のことを言います。日本でも二〇〇〇年の男女共同参画基本計画に盛り込まれています。

ユネスコが提唱する国際セクシュアリティ教育は、この理念をもとに、五歳から成人までの幅広い年齢層を対象として、性を肯定的に捉え、発展段階に応じて医学的に正しい知識や情報を提供することで、（性行為に対する）自己決定力を高めるとともに、人権やジェンダー平等、性的多様性について学び、それを尊重することを目的としています。二〇〇九年に初版が出版され、二〇一八年に改訂され、国際的な性教育の指針となっています。

ＮＰＯ法人日本医療政策機構（Health and Global Policy Institute）が、大学生に必要と思われる①性と生殖に関する権利（性感染症、性暴力、性的同意、思いがけない妊娠、緊急避妊薬、女性ホルモン、月経）について、と②出産、育児などのライフプランに関する教育プログラムを実施したところ、講義を受講した大学生の九七・四％が、このような教育プログラムが必要だと思うと回答しています。

この調査結果から、日本医療政策機構では、包括的性教育の教育機会の拡充と、社会全体で性と生殖に関する理解を促進すること、そのための情報が得られる場の提供、さらにはそれらが実行できるための長期的な経済支援を行うことが必要である、と提言しています。包括的性教育を学ぶことで、性行為年齢が遅れたこと、性交頻度の減少、性的パートナーの数の減少、避妊具使用の増加、リスクの高い行為の減少などが見られたという報告もあります（前田 二〇二一：三〇）（6）。なお、大阪市田島南小学校の生きる教育の授業で、教員や外部講師による包括的性教育が実施されています。

また、東京都では、東京都産婦人科の医師が中心となって、二〇一八年から都内の中学校への産婦人科医師を派遣し、性教育が行われています。二〇二二年では都内三〇校に医師が派遣されました。背後には、一〇代での未婚の出産（非嫡出子）の割合が急激に増加していることや、一〇代で妊娠した場合には六割が人工中絶をするという現実があります。望まない性行為や妊娠をしないための性教育が切実に必要になっているのです。

幼少期の性暴力は一生にわたって被害者を苦しめます。子供が加害者にも被害者にもならないための絵本も出版されています。以下は最近刊行された絵本です。

安藤由紀『いいタッチわるいタッチ（だいじょうぶの絵本）』

小笠原和美・MASUMI・サトウミユキ『おしえて！くもくん　プライベートゾーンってなあに？』

あすみさ（江口美智・長江美代子監修）『宿るいのち　逝くいのち』

5 「助けて」と言える社会へ

この章では、性暴力が起きる背後に、男性は仕事、女性は育児と介護といった性別役割分担にもとづく「男らしさ」「女らしさ」という社会規範があること、それが男女間賃金格差に反映されて、ジェンダーギャップ（格差）や女性の貧困をもたらしていることを見てきました。国際的に見て日本のジェンダーギャップは大きく、ジェンダーギャップ指数のランキングは、先進国で最低となっています。

そうした中、新型コロナ感染症が広がり、経済的な困難を抱えた女性や家庭内の暴力（ＤＶ）や性暴力に苦しむ女性たちの姿が白日のもとにさらされると、それは解決されなければならない社会問題として認識されるようになりました。

それに対して迅速に対応できたのは、九〇年代以降の女性たちの地道で粘り強い市民活動があったからです。それが、コロナ下で大きな力を発揮したことは本書を読んでいただければお分かりいただけると思います。

また、その努力は、二〇二二年五月に成立した「困難な問題を抱える女性への支援に関する法律」につながりました。その結果、困難に陥った女性たちが「「助けて」と言える」社会が今日本に形成されつつあります。

本書で紹介した団体以外にも、困難な状況にある人たちを支援しようと、多くのＮＰＯ団体が活動しています。巻末には、助けが必要な時に相談ができる団体の一覧を掲載しています。参考にしていただけると幸いです。

とはいえ、本書で繰り返し指摘してきたように、性暴力被害者の支援一つとっても課題は山積しています。それを一つずつ、丁寧に掘り起こし、環境を整えることが求められています。

多くの性暴力被害者は若い時に被害にあっている

本書のデータ分析の結果のもっとも重要な発見は、性暴力の被害者の多くが一〇代、あるいはそれ以前に被害に遭っていることです。NHKのアンケート調査では、一〇歳未満で被害に遭っているのが全体の二〇%、一〇歳代が五四・二%となっています。それがいかに深刻な影響をその後の人生に及ぼすのかについては、本書の随所で論じてきました。

こうした状況の中で、今最も重要な、困難を抱える若い女性を支援している一般社団法人「Colabo（コラボ）」が、ネット上で誹謗中傷や事実無根のデマを拡散され、活動が休止せざるをえなくなるという事態がおきています。若者支援に詳しい静岡県立大学の津富教授は「女性に対する攻撃で、根底には女性の差別があるように思う。一種のヘイトクライムではないか。止める手立てが必要だろう」（朝日新聞、二〇二三年四月五日）と述べています。

ジェンダーバッシングの目的の一つは、それによって女性から発言権を奪い、家父長制を維持することにあります。それが「男らしさ」「女らしさ」の社会規範を温存させ、規範的男性像を維持させ、性暴力を温存させてきたのです（第4章）。しかし、時代の変化の中で、「男らしさ」にとらわれずに、仕事も家事や育児も楽しみたいという男性も増えています。また、視点を変えれば、不確実性が高まっている時代の中で、困難に陥った時に「助けて」と言える社会は、男性にとっても生きやすい社会なのではないでしょうか。声を上げた女性の勇気に続いて、男性も（女性も）加害者にならないために、自分自身の価値観を見直し、誰もが加害者にも傍観者にもならない社会を作ることが必要になっています。

「助けて」と言える社会に向けて、男女平等社会を形成していく新しい時代がいま幕を開けているように思います。

（1）https://www.gender.go.jp/public/kyodosankaku/2022/202206/202206_03.html
（2）https://www.gender.go.jp/public/kyodosankaku/2021/202203/202203_04.html
（3）野村総合研究所「パート・アルバイト女性の実態に関する調査」（二〇二〇年一二月）と総務省「労働力調査」（二〇二〇年一一月）を用いて野村総合研究所が推計したデータを元にしている。資料出所：第六回コロナ下の女性への影響と課題に関する研究会への提出資料（二〇二一年一月二五日）
（4）https://www.nri.com/jp/knowledge/report/lst/2020/cc/mediaforum/forum299
（5）人的資本の保有力（年収）の推計に当たっては、被害時の年収（税込）をもとに正社員で年収一〇〇～一五〇〇万円の人を対象に回帰分析によって推計しています。（サンプル数は一五六五）被害時の年推定年収の平均年収は三六八万円、平均年齢は二七歳、平均教育年数は一五・二七年。

（6）前田絢子「性の傾向について考えるということ―包括的性教育の立場から考える日本の性教育の現状と課題」『生活経済政策 No. 309』二〇二〇年一〇月：二八～三一

あとがき

新型コロナ感染症の広がりによって、女性が困難な状況におかれました。そのことを書きたいと思って執筆を始めたにもかかわらず、テーマが次第に性暴力に移っていきました。

きっかけを作ってくださったのはＮＨＫディレクターの村山かおるさんです。村山さんとはＮＨＫのクローズアップ現代に出演したことをきっかけにして出会い、女性の抱える問題について意見交換をさせていただきました。その中で、日本で性暴力が深刻な問題となっており、被害後に仕事や勉強ができなくなる方も多く、性暴力が個人の人生にも社会経済にも深刻な影響をおよぼしていることを教えていただき、日本福祉大学の長江美代子さんが研究代表をされている性暴力に関するプロジェクトをご紹介いただきました。

そのプロジェクトの中で、性暴力が社会経済に与える影響を分析することになりました。月一回の研究会は学びの連続でした。本書はそこでの議論がもとになっています。

とはいえ私の専門は労働経済学。初めからこのテーマで本を書くことを考えていたわけではありません。むしろプロジェクトに参加することに対して及び腰だったというのが正直なところです。本を書くための知識も不足していました。ところが、次第に目に見えない力に導かれるようにしてこのテーマに引き込まれていきました。研究会の代表者の長江美代子さんの人間性や懐の深さ、そして、何よりも性暴力を撲滅するという長江さんの強い思いとそのための行動力に感銘を受けたのです。

そして、性暴力のプロジェクトに参加していることを知り合いに話すと、ほとんどの人が自身の体験を話してくれました。こんなに多くの人が幼い時に性被害にあっているのだと改めて知り、このテーマで書くことの意義を認識するようになりました。

コロナ禍で開催された女性のための女性による相談会での相談事例で見られたのは、困窮する女性の背後に存在するＤＶや性暴力の存在でした。ところが、性犯罪を取り締まるはずの刑法が、被害者の実態と全くかけ離れているのです。これは、おかしい。社会が性暴力を容認していることではないか。それが執筆の動機づけになっていきました。

奇しくも二〇二三年に刑法の改正を行う議論がスタートしたタイミングでＮＨＫのアンケート調査が行われたために、改正案の中身についてもデータを通じて検証することができたのは幸いでした。

本書は、様々な偶然のめぐりあわせによってブラッシュアップされていきました。

ある日のこと、長年の友人、チャーリー・ウォーゼンさんが、私たち夫婦を訪ねてきました。

彼はアーティストで、森美術館で開催されていた特別展「地球がまわる音を聴く—パンデミック以降のウェルビーイング」を見に行くというので、一緒について行ったのです。帰る間際にひとつだけまだ見ていない展示室があることに気づき、せっかくだからとのぞいたのが飯山由貴さんの「影のかたち　親密なパートナーシップ間で起こる力と支配について」でした。

そこに展示されている映像作品の一つが全国女性シェルターネット共同代表の北仲千里さんへのインタビュー「影のかたち—見えにくい支援の手」でした。執筆中のテーマと重なっていて、まさかの偶然に驚くとともに、そのインタビューに聴き入りました。北仲さんは、インタビューの最後の方で、日本で最も支援が手薄なのが、性暴力の被害者に対する支援で、それに対応できる専門家がいないことの問題点を指摘していました。プロジェクトでご一緒している長江美代子さんはまさにその稀少な専門家のお一人で、プロ中のプロだったのです。また、被害を受けた後にすぐに駆け込め治療が受けられる救急支援センターが不足していると指摘されるなかで、その支援を提供しているのが「性暴力救援センター日赤なごやなごみ」でした。そして、私は、それを日本全国に広げようというプロジェクトに偶然にも参加させていただいていたのです。

この展示室を偶然に訪れて以降、一つのテーマごとに独立していた章と章との間につながりが生まれました。それができてからは、何かに導かれるように執筆を進めることができました。

今思うと、私を導いてくれたものとは、今社会に変化をもたらしている何か見えない力―時代の変化―なのではないかと思います。

また、二〇二二年一二月一八日にオンラインで開催された日本ペンクラブ主催の「被害者の視点から日本の性暴力について考える」のイベントで、作家の井上荒野さんとジャーナリストの伊藤詩織さんとディスカッションする機会をいただきました。また、その打ち合わせでは、日本ペンクラブ会長の桐野夏生さんから性暴力と日本の男女不平等社会を結びつける視座をいただき、本書での議論をさらに発展させることができました。

コロナ禍ではDVや性被害が海外でも大きな社会問題として浮かび上がっており、日本がどのような対応をしているのかについては、海外からも高い関心が寄せられています。そんな中、メルボルン大学で二〇二二年一二月に開催された国際会議「Civil Society in Asia 4」に呼んでいただき発表の機会をいただきました。会議を主催された小川晃弘先生をはじめ、会議に参加されたメンバーから有益なコメントをいただき、DVや性暴力を支援するNPO団体の運動を二一世紀における日本の市民社会の形成との関連で捉えることができました。

本書の刊行には岩永泰造さんに大変お世話になりました。岩永さんとご一緒するのはこれが四冊目になります。今回は特に執筆が大幅に遅れ、また、内容も当初企画したものとは大きく変わってしまったにも関わらず、辛抱強く原稿が出来上がるのを待ち、また数々の有益なコメントをいただきました。深く感謝申し上げます。
執筆を支えてくれた家族に特別の感謝を捧げたいと思います。彼らの暖かい励ましや、サポートなしにはこの本は存在していませんでした。

二〇二三年四月
大沢真知子

参考文献

秋山千佳　二〇二〇「現場ルポ　女性の自殺はなぜ急増したのか」『文藝春秋』一二月号
浅倉むつ子　二〇二二『新しい労働世界とジェンダー平等』かもがわ出版
一般社団法人社会的包摂サポートセンター編・全国女性シェルターネット監修　二〇二一『DV・性暴力被害者を支えるための　はじめてのSNS相談』
伊藤和子　二〇一九『なぜ、それが無罪なのか!?』ディスカバー携書
伊藤詩織　二〇一七『Black Box』文藝春秋
井上荒野　二〇二二『生皮　あるセクシャルハラスメントの光景』朝日新聞出版
卜田素代香　二〇二二「「性暴力」私は負けなかった」『文藝春秋』七月号
金子雅臣　二〇〇六『壊れる男たち―セクハラはなぜ繰り返されるのか』岩波新書
戒能民江　二〇二二「分断を超える「女性支援」へ――新法はこうしてつくられた」『世界』八月号：五〇～五七
君嶋護男・北浦正行　二〇一五『セクハラ・パワハラ読本』日本生産性本部生産労働情報本部
黒川祥子　二〇二一『シングルマザー、その後』集英社新書
椹木京子　二〇二一「性暴力被害・性犯罪の現状と課題」花丘ちぐさ編著『なぜ私は凍りついたのか』春秋社
齋藤梓・大竹裕子　編著　二〇二〇『性暴力被害の実際　被害はどのように起き、どう回復するのか』

金剛出版
信田さよ子　二〇一二『共依存　苦しいけど、離れられない』朝日文庫
信田さよ子　二〇一三『愛情という名の支配』海竜社
白河桃子　二〇一九『ハラスメントの境界線』中公新書ラクレ
種部恭子　二〇二〇『性暴力　救援マニュアル』新興医学出版社
内閣府男女共同参画局　二〇二一「ＤＶ相談＋（プラス）事業における相談支援の分析に係る調査研究事業」報告書
長江美代子　二〇一九「ワンストップ支援センター「なごみ」の取り組みから」地域保健、５〇（五）：三六ー四一
名古屋第二赤十字病院　二〇二〇 性暴力救援センター日赤なごみ　なごみ5周年記念誌
西村幸満　二〇二一『生活不安定層のニーズと支援　シングル・ペアレント、単身女性、非正規就業者の実態』勁草書房
花丘ちぐさ　二〇二一編著『なぜ私は凍りついたのか』春秋社
浜田敬子　二〇二二『男性中心企業の終焉』文藝春秋
前田絢子　二〇二二「「性の健康」について考えるということー包括的性教育の立場から考える日本の性教育の現状と課題」『生活経済政策』October, No.309, 生活経済政策研究所
労働政策研究・研修機構　二〇二一「労働政策フォーラム　新型コロナによる女性雇用・生活への影響と支援のあり方」Business Labor Trend、October

松元千枝　二〇二一「女性の貧困のもうひとつのパンデミック」『季刊　労働者の権利』Vol. 三四一、summer, 日本労働弁護団：四二～四七
山口のり子　二〇一六『愛を言い訳にする人たち　DV加害男性七〇〇人の告白』梨の木舎
山田省三・両角道代　二〇二二「労働判例この1年の争点」『日本労働協会雑誌』November, No.748,
山本潤　二〇二一a『13歳、「私」をなくした私』朝日文庫
山本潤　二〇二一b「当事者の声が社会を変える　今、何が最も必要なのか」花丘ちぐさ編著『なぜ私は凍りついたのか』春秋社

違法なコンテンツの削除依頼を申請してくれる

⑤電話相談一般

・一般社団法人社会的包摂サポートセンター「よりそいホットライン」３番で「DV/ 性暴力相談」受付

https://www.since2011.net/　0120・279・338（24 時間）

岩手・宮城・福島からは 0120-279-226

・内閣府　DV 相談＋（プラス）

HTTPs://soudanplus.jp/　24 時間受付電話　0120-279-889

⑥セクハラ相談

・NPO 法人スクール・セクシュアル・ハラスメント防止全国ネットワーク

06-6995-1355（火曜　午前 11 時〜午後 7 時）

cfcw-kawasaki@orion.ocn.ne.jp

・各都道府県労働局雇用環境・均等部

・総合労働相談コーナー　https://www.mhlw.go.jp/general/seido/chihou/kaiketu/soudan.html

・なんでも労働相談ホットライン　0120-154-052 https://www.jtuc-rengo.or.jp/soudan/

神奈川県と大阪府は、男性のための専門相談ダイヤルをもうけています。神奈川県は045・548・5666（毎週火曜午後4～8時、祝休日・年末年始を除く）、大阪府は06・4303・4011（月2回、午後4時半～8時）です。

③性暴力被害の実態やその後の支援について知りたい

・THYME　性暴力被害者支援情報プラットホーム（※当事者が運営）
https://thyme.buzz/

・NHKみんなでプラス 性暴力を考える
https://www.nhk.or.jp/minplus/0026/

④ デートDVや妊娠、盗撮、痴漢の相談

・デートDVの相談
デートDV110番 050-3204-0404（月～土 午後7～9時）
https://ddv110.org/（LINEでも相談できる）

・望まない妊娠をした場合の相談
一般社団法人全国妊娠SOSネットワーク
https://zenninnet-sos.org/contact-list（全国の妊娠相談窓口一覧）
NPO法人ピッコラーレ（居場所づくり、妊娠SOS）
https://piccolare.org/about/message/

・ポルノ被害相談
NPO法人ぱっぷす（PAPS, ポルノ被害と性暴力を考える会）
https://paps.jp　paps@paps-jp.org
050-3177-5432（24時間）　LINE:@paps
NPO法人SEAN（大阪）
https://sean-psoudan.jimdo.com/
psoudan@npo-sean.org
セーフライン　http://www.safe-line.jp
通報すると本人に代わり国内外のプロバイダーに、リベンジポルノなど

相談先一覧

①悩み相談

・「いのちの電話」https://www.inochinodenwa.org/?page_id=267

・「NPO 法人　あなたのいばしょ」チャット　https://talkme.jp/（24 時間対応）

・若者支える事業、自殺対策など
ライトリング　https://lightring.or.jp/about/profile/

・10 代の子ども向け悩み相談
ミークス　https://me-x.jp/post/

・子供の権利保障・啓発事業
3keys（スリーキーズ）　https://3keys.jp/

② 性暴力支援の相談

・警察庁性犯罪被害相談電話全国共通番号「#8103」

・公益社団法人全国被害者支援ネットワーク https://www.nnvs.org/support_center
犯罪被害者等電話相談　0570-783-554（午前 7 時 30 分〜午後 10 時）

・行政が関与する性犯罪・性暴力被害者のためのワンストップ支援センター
全国共通短縮ダイヤル「#8891」で最寄りのセンターにつながり、通話料無料で相談できます。

各都道府県には、性犯罪性暴力被害者のためのワンストップセンターが設置されています。内閣府のホームページでは、各センターの相談受付日時やメールアドレスなどを確認できます。

https://www.gender.go.jp/policy/no_violence/seibouryoku/consult.html

・内閣府のチャット相談「キュアタイム」では、毎日午後 5 〜 9 時に相談を受け付けています。メールでの相談や、英語や中国語など 10 の言語にも対応しています。　https://curetime.jp/

大沢真知子

日本女子大学名誉教授。専門は労働経済学、女性キャリア研究。日本ペンクラブ女性作家委員会委員。東京都女性活躍推進会議専門委員。南イリノイ大学経済学部博士課程修了。Ph. D（経済学）。コロンビア大学社会科学センター研究員。シカゴ大学ヒューレット・フェロー、ミシガン大学ディアボーン校助教授、亜細亜大学助教授・教授を経て日本女子大学人間社会学部現代社会学科教授。主な著書は『ワークライフバランス社会へ』（岩波書店、2006）『ワークライフシナジー』（岩波書店、2008）『ワーキングプアの本質』（岩波書店、2010）『妻が再就職するとき―セカンドチャンス社会へ』（NTT出版、2012）『女性はなぜ活躍できないのか』（東洋経済新報社、2015）『なぜ女性は仕事を辞めるのか』共編著（青弓社、2015）『21世紀の女性と仕事（放送大学叢書）』（左右社、2018）『なぜ女性管理職は少ないのか―女性の昇進を妨げる要因を考える』共編著（青弓社、2019）等多数。

「助けて」と言える社会へ
―性暴力と男女不平等社会

2023年5月27日　初版第1刷発行

著　者　大沢真知子《おおさわまちこ》

発行者　内山正之

発行所　株式会社 西日本出版社
〒564-0044　大阪府吹田市南金田1－8－25－402
[営業・受注センター]
〒564-0044　大阪府吹田市南金田1－11－11－202
Tel 06－6338－3078　fax 06－6310－7057
郵便振替口座番号　00980－4－181121
http://www.jimotonohon.com/

編　集　岩永泰造

ブックデザイン　尾形忍（Sparrow Design）

印刷・製本　株式会社 光邦

ISBN 978-4-908443-80-0